Hungarian
phrase book

Easy to use features
- Handy thematic colour coding
- Quick Reference Section—opposite page
- Tipping Guide—inside back cover
- Quick reply panels throughout

494.511
H

Berlitz Publishing Company, Inc.

Princeton   Mexico City   London   Eschborn   Singapore

How best to use this phrase book

● We suggest that you start with the **Guide to pronunciation** (pp. 6–9), then go on to **Some basic expressions** (pp. 10–15). This gives you not only a minimum vocabulary, but also helps you get used to pronouncing the language. The phonetic transcription throughout the book enables you to pronounce every word correctly.

● Consult the **Contents** pages (3–5) for the section you need. In each chapter you'll find travel facts, hints and useful information. Simple phrases are followed by a list of words applicable to the situation.

● Separate, detailed contents lists are included at the beginning of the extensive **Eating out** and **Shopping guide** sections (Menus, p. 40, Shops and services, p. 97).

● If you want to find out how to say something in Hungarian, your fastest look-up is via the **Dictionary** section (pp. 164–189). This not only gives you the word, but is also cross-referenced to its use in a phrase on a specific page.

● If you wish to learn more about constructing sentences, check the **Basic grammar** (pp. 159–163).

● Note the **colour margins** are indexed in Hungarian and English to help both listener and speaker. And, in addition, there is also an **index in Hungarian** for the use of your listener.

● Throughout the book, this symbol ☞ suggests phrases your listener can use to answer you. If you still can't understand, hand this phrase book to the Hungarian-speaker to encourage pointing to an appropriate answer. The English translation for you is just alongside the Hungarian.

Copyright © 1997, 1991, 1981 by Berlitz Publishing Company, Inc.
400 Alexander Park, Princeton, NJ 08540-6306, USA

First revised edition–9th printing–January 2001   Printed in Spain

APR 11 2001

Contents

4

Acknowledgments
We are particularly grateful to Judit Hollós for her help in the preparation of this book, and to Dr. T.J.A. Bennett who devised the phonetic transcription.

Guide to pronunciation

This and the following chapter are intended to make you familiar with the phonetic transcription we devised and to help you get used to the sounds of Hungarian.

As a minimum vocabulary for your trip, we've selected a number of basic words and phrases under the title "Some Basic Expressions" (pages 10–15).

An outline of the spelling and sounds of Hungarian

You'll find the pronunciation of the Hungarian letters and sounds explained below, as well as the symbols we use for them in the transcription. Note that Hungarian has some diacritical signs—special markings over certain letters—which we don't use in English.

The imitated pronunciation should be read as if it were English except for any special rules set out below. It is based on Standard British pronunciation, though we have tried to take into account General American pronunciation as well. Of course, the sounds of any two languages are never exactly the same; but if you follow carefully the indications supplied here, you'll have no difficulty in reading our transcription in such a way as to make yourself understood.

Letters written in **bold** type should be stressed (pronounced louder).

Consonants

Letter	Approximate pronunciation	Symbol	Example
b, d, f, h, m, n, v, x, z	as in English		
c	like **ts** in nets	ts	**arc** orts

cs	like **ch** in **ch**ap	ch	**kocsi**	**kaw**chee
g	always as in **g**o, never as in **g**in	g/gh	**gáz** **régi**	gaaz **ray**ghee
gy	like **di** in me**di**um, said fairly quickly	d^y	**ágy**	aad^y
j	like **y** in **y**es	y/^{y}	**jég**	yayg
k	always as in si**ck**, never as in **k**ill	k	**kör**	kurr
l	always as in **l**eap, never as in ba**ll**	l	**ital**	eetol
ly	like **y** in **y**es	y/^{y}	**Károly**	kaaraw^y
ny	quite like **ni** in o**ni**on	n^y	**hány**	haan^y
p	always as in si**p**, never as in **p**ill	p	**posta**	**paw**shto
r	pronounced with the tip of the tongue, like Scottish **r**	r	**ír**	$\overline{ee}$r
s	like **sh** in **sh**oot	sh	**saláta**	shollaato
sz	like **s** in **s**o	s/ss	**szó** **ész**	s$\overline{aw}$ ayss
t	always as in si**t**, never as in **t**ill	t	**túra**	t$\overline{oo}$ro
ty	like **t y** in a fast pronunciation of pu**t y**our	t^y	**atya**	ot^{y}o
zs	like **s** in plea**s**ure	zh	**zsír**	zh$\overline{ee}$r

Vowels

a	quite like **o** in n**o**t (British pronunciation)	o	**hat**	hot
á	like the exclamation "ah!"	aa	**rág**	raag
e	quite like **e** in y**e**s, but with the mouth a little more open, i.e. a sound between **e** in y**e**s and **a** in h**a**t	æ	**te**	tæ
é	like **ay** in s**ay**, but a pure vowel, not a diphthong, i.e. neither the tongue nor the lips move during the pronunciation of it	ay	**mér**	mayr

i	like ee in feet (short)	ee	hideg	heedæg
í	like ee in see (long)	ēē	míg	mēēg
o	quite like aw in saw (British pronunciation), but shorter	aw	bot	bawt
ó	like aw in saw, but with the tongue higher in the mouth	āw	fotó	fawtāw
ö	like ur in fur, but short, without any r-sound, and with rounded lips	ur	örök	urrurk
ő	like ur in fur, but without any r-sound, and with the lips tightly rounded	ūr	lő	lūr
u	as in the British pronunciation of pull	oo	kulcs	koolch
ú	like oo in food	ōō	kút	kōōt
ü	round your lips and try to say ee; the resulting sound should be as in French une or German fünf	ew	körül	kurrewl
ű	the same sound as ü, but long and with the lips more tightly rounded	ēw	fűt	fēwt

N.B. 1) There are no "silent" letters in Hungarian, so all letters must be pronounced. This means that double consonants are pronounced long, e.g. **tt** in kettő (**kæt**-tūr) sounds rather like **t-t** in a fast pronunciation of part-time. (But a double consonant appearing at the end of a word is pronounced short). It also means that vowels standing next to each other are pronounced separately and do not combine to produce diphthongs.

2) When two or more consonants stand next to each other, the last one can influence the pronunciation of the others. If it is "voiceless", it will make a preceding "voiced" consonant into a "voiceless" one, and vice versa, e.g. *végtelen* is

pronounced as if it were written *véktelen*. The "voiceless" consonants are **c, f, k, p, s, sz, t, ty**, and the corresponding "voiced" ones are **dz, v, g, b, zs, z, d, gy**.

3) Every word, when pronounced alone, has a strong stress on its first syllable. When words are combined in sentences, the stress on the less important words weakens.

4) The "double" forms of **cs, gy, ly, ny, sz, ty, zs** are **ccs, ggy, lly, nny, ssz, tty, zzs**. If the "double" form is divided at the end of a line, then the single form is written twice, e.g. **cs-cs** instead of **c-cs**.

5) In Hungarian, the letter **j** can combine with a preceding vowel to produce diphthongs, e.g. *új* (pronounced $\overline{oo}$y), *fej* (pronounced fæy), *sajt* (pronounced soyt). In all these cases, the **y** should be pronounced only fleetingly, as in boy.

Pronunciation of the Hungarian alphabet

A	o	**GY**	d^{y}e	**NY**	æn^y	**T**	te
Á	aa	**H**	haa	**O**	aw	**TY**	t^{y}e
B	be*	**I**	ee	**Ó**	$\overline{aw}$	**U**	oo
C	tse	**Í**	$\overline{ee}$	**Ö**	ur	**Ú**	$\overline{oo}$
CS	tche	**J**	ye	**Ő**	$\overline{ur}$	**Ü**	ew
D	de	**K**	kaa	**P**	pe	**Ű**	$\overline{ew}$
E	æ	**L**	æl	**Q**	kew	**V**	ve
É	e	**LY**	æl **eepseelon**	**R**	ær	**W**	dooplovvay
F	ayf	**M**	æm	**S**	æsh	**Z**	ze
G	ghe	**N**	æn	**SZ**	æs	**ZS**	zhe

---

* e doesn't appear in the transcriptions, but has more or less the same value as **a** in late.

Some basic expressions

Yes.	**Igen.**	eegæn
No.	**Nem.**	næm
Please.	**Kérem.**	kayræm
Thank you.	**Köszönöm.**	kursurnurm
Thank you very much.	**Köszönöm szépen.**	kursurnurm saypæn
That's all right/ You're welcome.	**Szívesen.**	sēēvæshæn
Excuse me. (May I get past?)	**Elnézést.**	ælnayzaysht
Sorry!	**Sajnálom.**	shoynaalawm

Greetings   *Köszönés*

Good morning.	**Jó reggelt!**	yāw ræg-gælt
Good afternoon.	**Jó napot!**	yāw noppawt
Good evening.	**Jó estét!**	yāw æshtayt
Good night.	**Jó éjszakát!**	yāw ayʸsokkaat
Goodbye.	**Viszontlátásra!**	veesawntlaataashro
See you later.	**Viszlát!**	veeslaat
Hello/Hi!	**Szia/Sziasztok!**	seeo/seeostawk
This is . . .*	**Szeretném bemutatni . . .**	særætnaym bæmoototnee
This is my husband/ my wife.	**Szeretném bemutatni a férjemet/a feleségemet.**	særætnaym bæmoototnee o fayryæmæt/ o fælæshaygæmæt
How do you do? (Pleased to meet you.)	**Örülök, hogy megismerhetem.**	urrewlurk hawdʸ mægeeshmærhætæm
How are you?	**Hogy van?**	hawd' von

---

* The words for Mr., Mrs. and Miss are only used on very formal occasions, and the family name precedes the first name. See also MAKING FRIENDS, page 92.

Very well, thanks. And you?	**Köszönöm, nagyon jól. És Ön?**	**kur**surnurm nod^{y}awn yāwl. aysh urn
How's life?	**Hogy s mint?**	hawd^y sh meent
Fine.	**Köszönöm, jól.**	**kur**surnum yāwl

Questions *Kérdések*

Where?	**Hol?**	hawl
Where is ...?	**Hol van ...?**	hawl von
Where are ...?	**Hol vannak ...?**	hawl **von**-nok
Where can I find/ get ...?	**Hol találok/ kaphatok ...?**	hawl tollaalawk/**kop**hottawk
How?	**Hogy?**	hawd^y
When?	**Mikor?**	**mee**kawr
What?	**Mi?**	mee
What's that?	**Mi az?**	mee oz
Why?	**Miért?**	**mee**ayrt
Who?	**Ki?**	kee
Who's that?	**Ki az?**	kee oz
Which?	**Melyik?**	mæ^{y}eek
Which bus goes to ...?	**Melyik busz megy ... felé?**	mæ^{y}eek boos mæd^y ... fælay
How far?	**Milyen messze?**	mee^{y}æn mæs-sæ
How long?	**Mennyi ideig?**	mæn^{y}ee eedæeeg
How much/How many?	**Mennyi/Hány?**	mæn^{y}ee/haan^y
How much does this cost?	**Mennyibe kerül?**	mæn^{y}eebæ **kæ**rewl
When does ... open/ close?	**Mikor nyit/zár ...?**	**mee**kawr n^{y}eet/zaar
What do you call this/that in Hungarian?	**Hogy mondják ezt/ azt magyarul?**	hawd^y **mawnd**^{y}aak æst/ost/ mod^{y}orool
What does this/that mean?	**Ez/Az mit jelent?**	æz/oz meet **yæ**lænt
I beg your pardon?	**Tessék?**	**tæsh**-shayk

Do you speak ...? *Beszél ...?*

Do you speak English?	**Beszél angolul?**	bæsayl ongawlool
Does anyone here speak English?	**Van itt valaki aki beszél angolul?**	von eet vollokkee okkee bæsayl ongawlool
I don't speak (much) Hungarian.	**Nem tudok (jól) magyarul.**	næm toodawk (yāwl) mod^{y}orrool
Could you speak more slowly?	**Elmondaná lassabban?**	ælmawndonnaa losh-shob-bon
Could you repeat that?	**Megismételné?**	mægheeshmaytælnay
Could you spell it?	**Elbetűzné?**	ælbætēwznay
How do you pronounce this?	**Ezt hogy ejtik?**	æst hawd^y ay^{y}teek
Could you write it down, please?	**Leírná, kérem.**	læēērnaa kayræm
How do you say this in Hungarian?	**Ezt hogy mondják magyarul?**	æst hawd^y mawnd^{y}aak mod^{y}orrool
Can you translate this for me?	**Lefordítaná ezt nekem?**	læfawrdēētonnaa æst nækæm
Please point to the ... in the book.	**Kérem mutassa meg ezt a ... a könyvben.**	kayræm mootosh-sho mæg æst o ... o kurn^{y}vbæn
word/phrase sentence	**szót/kifejezést mondatot**	sāwt/keefæyæzaysht mawndottawt
Just a moment.	**Egy pillanat.**	æd^y peel-lonnot
I'll see if I can find it in this book.	**Megnézem, benne van-e a könyvben.**	mægnayzæm bæn-næ von-æ o kurn^{y}vbæn
I (don't) understand.	**(Nem) értem.**	(næm) ayrtæm
Do you understand?	**Érti?**	ayrtee
Do you have a dictionary?	**Van szótára?**	von sāwtaaro

Requests *Kérések*

Can I/we have ...?	**Kaphatok/ Kaphatunk* ...?**	kophottok/kophottoonk

---

* see GRAMMAR, page 159

Can you show me ...?	**Megmutatná ...?**	mægmoototnaa
I can't.	**Nem tudok.**	næm **too**dawk
Can you tell me ...?	**Megmondaná ...?**	mægmawndonnaa
Can you help me?	**Segítene?**	shægh**ēē**tænæ
Can I help you?	**Segíthetek?**	shægh**ēē**thætæk
Can you direct me to ...?	**Megmutatná merre van ...?**	mægmoototnaa **mær-ræ** von

I'd like ...   *Szeretnék ...*

I'd like ...	**Szeretnék ...**	særæt**nayk**
We'd like ...	**Szeretnénk ...**	særæt**naynk**
What would you like?	**Mit óhajt?**	meet **āw**hoyt
Could you give me/ bring me/show me ...?	**Kaphatnék/Hozna/ Megmutatná ...?**	kop**hot**nayk/**hawz**no/ mægmoototnaa
I'm looking for ...	**... keresem.**	... **kæ**ræshæm

And ...   *És ...*

I'm hungry.	**Éhes vagyok.**	ay**hæsh vod**ʸawk
I'm thirsty.	**Szomjas vagyok.**	**sawm**yosh **vod**ʸawk
I'm tired.	**Fáradt vagyok.**	**faa**rot **vod**ʸawk
I'm lost.	**Eltévedtem.**	æltay**væd**tæm
It's important.	**Fontos.**	**fawn**tawsh
It's urgent.	**Sürgős.**	**shewr**gūūrsh

It is/There is ...   *... van.*

It is ...	**... van.**	... von
It is cold.	**Hideg van.**	**hee**dæg von
Is it ...?	**... van?**	... von
It isn't ...	**Nincs ...**	neench

Here/There it is.	**Itt/Ott van.**	eet/awt von
Here/There they are.	**Itt/Ott vannak.**	eet/awt von-nok
There is/are ...	**... van/vannak.**	... von/von-nok
Is/Are there ...?	**Van/Vannak ...?**	von/von-nok
There isn't/aren't ...	**Nincs/Nincsenek ...**	neench/neenchænæk
There isn't/aren't any.	**Nincs/Nincsenek.**	neench/neenchænæk

It's ... *Ez ...*

beautiful/ugly	**szép/csúnya**	sayp/chōōnᵞo
better/worse	**jobb/rosszabb**	yawb/raws-sob
big/small	**nagy/kicsi**	nodᵞ/keechee
cheap/expensive	**olcsó/drága**	awlchaw/draago
early/late	**korán/későn**	kawraan/kayshūrn
easy/difficult	**egyszerű/nehéz**	ædᵞsærēw/næhayz
free (vacant)/ occupied	**szabad/foglalt**	sobbod/fawglolt
full/empty	**tele/üres**	tælæ/ewræsh
good/bad	**jó/rossz**	yāw/rawss
heavy/light	**nehéz/könnyű**	næhayz/kurnᵞēw
here/there	**itt/ott**	eet/awt
hot/cold	**meleg/hideg**	mælæg/heedæg
next/last	**következő/utolsó**	kurvætkæzūr/ootawlshaw
old/new	**régi/új**	rayghee/ōōᵞ
old/young	**öreg/fiatal**	urræg/feeottol
open/shut	**nyitva/zárva**	nᵞeetvo/zaarvo
quick/slow	**gyors/lassú**	dᵞawrsh/losh-shōō
right/wrong	**helyes/helytelen**	hæᵞæsh/hæᵞtælæn
near/far	**közel/távol**	kurzæl/taavawl

Quantities *Mennyiségek*

a little/a lot	**egy kis/sok**	ædᵞ keesh/shawk
few/a few	**kevés/néhány**	kævaysh/nayhaanᵞ
much/many	**sok**	shawk
more/less (than)	**több/kevesebb (mint)**	turb/kævæshæb (meent)
enough/too	**elég/túl**	ælayg/tōōl

A few more useful words *Még néhány hasznos szó*

above	felett	fælæt
after	után	ootaan
and	és	aysh
at (time)	-kor	-kawr
at (space)	-nál/-nél*	-naal/-nayl
before	előtt	ælūrt
behind	mögött	murgurt
below	alatt	ollot
between	között	kurzurt
but	de	dæ
down/downstairs	le/lent	læ/lænt
during	közben	kurzbæn
for	-ért	-ayrt
from	-ból/-ből*	-bawl/-būrl
in/inside	-ban/-ben*/bent	-bon/-bæn/bænt
near	közel	kurzæl
never	soha	shawho
next to	mellett	mælæt
none	egyik sem	æd^yeek shæm
not	nem	næm
nothing	semmi	shæm-mee
now	most	mawsht
on (onto)	-ra/-re*	-ro/-ræ
on (place)	-on/-en/-ön*	-awn/-æn/-urn
or	vagy	vod^y
outside	kint	keent
perhaps	talán	tollaan
since	óta	āwto
soon	hamarosan	hommorawshon
then	aztán	oztaan
through	keresztül/át	kæræstewl/aat
to	-ba/-be*/felé	-bo/-bæ/fælay
too (also)	is	eesh
towards	felé	fælay
under	alatt	ollot
until	-ig	-eeg
up/upstairs	fel/fent	fæl/fænt
very	nagyon	nod^yawn
with/without	-val/-vel*/nélkül	-vol/-væl/naylkewl

---

* These prepositions change according to the rules of vowel harmony (see GRAM-MAR, p. 159). We give you two examples to explain the principle of this rule:

-ból/-ből:	from the house	házból
	from the book	könyvből

Arrival

Passport control *Útlevélvizsgálat*

Whether you come by train, plane, car or Danube steamer, you'll have to go through customs formalities. If you didn't obtain a visa in advance through your travel agency or a Hungarian consulate, you can get one at road crossing points, river ports and at Budapest airport.

Note: Rail travellers *cannot* have a visa issued on the spot.

Here's my ...	**Tessék, ...**	tæsh-shayk
passport	**az útlevelem**	oz ōōtlævælæm
visa	**a vízumom**	o vēēzoomawm
driving licence	**a jogosítványom.**	a yawgawshēētvaan^yawm
I'll be staying ...	**... maradok.**	... morroddawk
a few days	**néhány napig**	nayhaan^y noppeeg
a week	**egy hétig**	æd^y hayteeg
2 weeks	**két hétig**	kayt hayteeg
a month	**egy hónapig**	æd^y hāwnoppeeg
I don't know yet.	**Még nem tudom.**	mayg næm toodawm
I'm here on holiday.	**A szabadságomat töltöm itt.**	o sobbodshaagawmot turlturm eet
I'm here on business.	**Üzleti úton vagyok itt.**	ewzlætee ōōtawn vod^yawk eet
I'm just passing through.	**Csak átutazóban vagyok.**	chok aatootozzāwbon vod^yawk

If things become difficult:

I'm sorry, I don't understand.	**Sajnálom, de nem értem.**	shoynaalawm dæ næm ayrtæm
Does anyone here speak English?	**Beszél itt valaki angolul?**	bæsayl eet vollokkee ongawlool

> **VÁM**
> CUSTOMS

CAR, see page 75

Customs   *Vám*

After collecting your baggage at the airport (*repülőtér—* ræpewlūrtayr) you have a choice: follow the green arrow if you have nothing to declare. Or leave via a doorway marked with a red arrow if you have items to declare.

The chart below shows what you can bring in duty-free.

Cigarettes	Cigars	Tobacco	Spirits	Wine
250 or	50 or	250 g.	1 l. and	2 l.

I have nothing to declare.	**Nincs semmi elvá- molni valóm.**	neench **shæm**-mee **æl**vaa- **ma**wlnee **vo**llawm
I have ...	**Van ...**	von
a carton of cigarettes	**egy karton cigarettám**	æd**ᵞ kor**tawn tsee**gor**ræt-taam
a bottle of whisky	**egy üveg whiskym**	æd**ᵞ ew**væg **vees**keem
It's for my personal use.	**Ez személyes holmim.**	æz **sæ**mayᵞæsh **hawl**meem
It's a gift.	**Ez ajándék.**	æz **oy**aandayk
It's not new.	**Ez nem új.**	æz næm ōōᵞ

Kérem az útlevelét.	Your passport, please.
Van valami elvámolni valója?	Do you have anything to declare?
Kérem, nyissa ki ezt a táskát.	Please open this bag.
Ezért vámot kell fizetnie.	You'll have to pay duty on this.
Van még egyéb csomagja is?	Do you have any more luggage?

Baggage—Porter *Csomag – Hordár*

These days porters are only available at the airport, very rarely at railway stations. Where no porters are available you'll find luggage trolleys for the use of the passengers. You can also ask the taxi driver to help you.

Porter!	**Hordár!**	hawrdaar
Please take this ...	**Kérem vigye ezt ...**	kayræm veed^yæ æst
luggage	**a csomagot**	o chawmoggawt
suitcase	**a bőröndöt**	o būrrurndurt
(travelling) bag	**a táskát**	o taashkaat
That one is mine.	**Az az enyém.**	oz oz æn^yaym
Take this luggage ...	**Vigye ezt a csomagot ...**	veed^yæ æst o chawmoggawt
to the bus	**a buszhoz**	o boos-hawz
to the luggage lockers	**a poggyászmegőrzőbe**	o pawd^y-d^yaasmægūrr-zurbæ
to the taxi	**a taxihoz**	o toxeehawz
How much is that?	**Mennyivel tartozom?**	mæn^yeevæl tortawzawm
There's one piece missing.	**Egy csomag hiányzik.**	æd^y chawmog heeaan^yzeek
Where are the luggage trolleys (carts)?	**Hol vannak a poggyász kézikocsik?**	hawl von-nok o pod^y-d^yaas kayzeekawcheek

Changing money *Pénzváltás*

Where can I change money?	**Hol válthatok be valutát?**	hawl vaalthottawk bæ vollootaat
Can you change these traveller's cheques (checks)?	**Be tudja váltani ezeket a traveller's csekkeket?**	bæ toodyo vaaltonnee æzækæt o trævæl-lærs chækækæt
I'd like to change some dollars/pounds.	**Dollárt/Angol fontot szeretnék beváltani.**	dawl-laart/ongawl fawntawt særætnayk bævaaltonnee
Can you change this into forints?	**Átváltaná ezt forintra?**	aatvaaltonnaa æst fawreentro
What's the exchange rate?	**Mennyi az átváltási árfolyam?**	mæn^yee oz aatvaaltaashee aarfawyom

BANK—CURRENCY, see page 129

Where is ...? *Hol van ...?*

Where is the ...?	**Hol van ...?**	hawl von
booking office	**a jegyiroda**	o yæd^veerawdo
newsstand	**az újságos**	oz oo^vshaagawsh
post office	**a posta**	o pawshto
railway station	**a pályaudvar**	o paa^yo-oodvor
restaurant	**az étterem**	oz ayt-tæræm
tourist office	**az utazási iroda**	oz ootozzaashee eerawdo
underground (subway)	**a metró**	o mætrāw

How do I get to ...?	**Hogy jutok el ...?**	hawd^v yootawk æl
Is there a bus into town?	**Van autóbuszjárat a városba?**	von o-ootawboosyaarot o vaarawshbo
Where can I get a taxi?	**Hol kapok taxit?**	hawl koppawk toxeet
Where can I hire (rent) a car?	**Hol lehet autót bérelni?**	hawl læhæt o-ootāwt bayrælnee

Hotel reservation *Szállodai szobafoglalás*

Do you have a hotel guide (directory)?	**Van szállodajegy- zékük?**	von saal-lawdoyæd^v-zaykewk
Could you reserve a room for me?	**Foglalna kérem egy szobát a részemre?**	fawglolno kayræm æd^v sawbaat o raysæmræ
in the centre	**a központban**	o kurzpawntbon
near the railway station	**az állomáshoz közel**	oz aal-lawmaashhawz kurzæl
a single room	**egy egyágyas szobát**	æd^v æd^vaad^vosh sawbaat
a double room	**egy kétágyas szobát**	æd^v kaytaad^vosh sawbaat
not too expensive	**nem túl drágát**	næm tōōl draagaat
Where is the hotel/ guesthouse?	**Hol van a szálloda/ panzió?**	hawl von o saal-lawdo/ ponzeeāw
Do you have a street map?	**Van térképe?**	von tayrkaypæ

HOTEL/ACCOMMODATION, see page 22

Care hire (rental) *Autókölcsönzés*

Car hire firms have offices at Budapest international airport and major railway stations. You can also hire a vehicle through a tourist office or your hotel. You must be at least 21 and have held a full driving licence for more than one year.

I'd like to hire (rent) a car.	**Szeretnék bérelni egy autót.**	særætnayk bayrælnee ædᵞ o-ootā‾wt
small	**kicsit**	keecheet
medium-sized	**közepeset**	kurzæpæeshæt
large	**nagyot**	nodᵞawt
automatic	**automatát**	o-ootawmottaat
I'd like it for ...	**... szeretném.**	... særætnaym
a day/4 days	**Egy napra/Négy napra**	ædᵞ nopro/naydᵞ nopro
a week/2 weeks	**Egy hétre/Két hétre**	ædᵞ haytræ/kayt haytræ
Are there any weekend arrangements?	**Van hétvégi kedvezményük?**	von haytvayghee kædvæzmaynᵞewk
Do you have any special rates?	**Van valamilyen kedvezmény?**	von vollomeeᵞæn kædvæzmaynᵞ
What's the charge per day/week?	**Mennyi a bérleti díj egy napra/egy hétre?**	mænᵞee o bayrlætee dēēᵞ ædᵞ nopro/ædᵞ haytræ
Is mileage included?	**Ebben benne van a kilométer járulék is?**	æb-bæn bæn-næ von o keelawmaytær yaaroolayk eesh
What's the charge per kilometre*?	**Mennyi a járulék kilométerenként?**	mænᵞee o yaaroolayk keelawmaytæraenkaynt
I'd like to leave the car in ...	**...-ban/-ben szeretném hagyni a kocsit.**	...-bon/-bæn særætnaym hodᵞnee o kawcheet
I'd like full insurance.	**Teljeskörű biztosítást kérek.**	tælyæshkurrēw beeztawshēētaasht kayræk
What's the deposit?	**Mennyi a garanciális letét?**	mænᵞee o gorrontseeaaleesh lætayt
I have a credit card.	**Van hitelkártyám.**	von heetælkaartᵞaam
Here's my driving licence.	**Tessék a jogosítványom.**	tæsh-shayk o yawgawshēētvaanᵞawm
Here are my car registration papers.	**Tessék a gépkocsim okmányai.**	tæsh-shayk o gaypkawcheem awkmaanᵞoee

---

*1 kilometre = 0.62 miles

CAR, see page 75

Taxi   *Taxi*

Metered vehicles both state-owned and private are available in Budapest and all larger towns. When they are free, the rooftop **Taxi** sign is lit. It's advisable to state your destination before entering the cab, as a driver may refuse trips which are too long or out of the way.

It's customary to give a tip in addition to the amount shown on the meter.

Where can I get a taxi?	**Hol kapok taxit?**	hawl koppawk toxeet
Where is the taxi rank (stand)?	**Hol a taxi állomás?**	hawl o toxee aal-lawmaash
Could you get me a taxi?	**Hívna nekem egy taxit?**	hēēvno nækæm ædᵛ toxeet
What's the fare to ...?	**Mennyi a viteldíj ...-ig?**	mænᵛee o veetældēēᵛ ...-eeg
How far is it too ...?	**Milyen messze van ...?**	meeᵛæn mæs-sæ von
Take me to ...	**Kérem vigyen el ...**	kayræm veedᵛæn æl
this address	**erre a címre**	ær-ræ o tsēēmræ
the airport	**a repülőtérre**	o ræpewlūurtayr-ræ
the town centre	**a városközpontba**	o vaarawshkurzpawntbo
the ... Hotel	**a ... szállóba**	o ... saal-lāwbo
the railway station	**a vasútállomásra**	o voshōōtaal-lawmaashro
I'm in a hurry.	**Sietek.**	sheeætæk
Turn ... at the next corner.	**Forduljon ... a következő sarkon.**	fawrdoolyawn ... o kurvætkæzūr shorkawn
left/right	**balra/jobbra**	bolro/yawbro
Go straight ahead.	**Egyenesen tovább.**	ædᵛænæshæn tawvaab
Could you drive more slowly?	**Kérem, vezessen lassabban.**	kayræm væzæsh-shæn loshshob-bon
Please stop here.	**Kérem, itt álljon meg.**	kayræm eet aalyawn mæg
Could you help me carry my luggage?	**Kérem, segítene vinni a csomagomat?**	kayræm shægēētænæ veen-nee o chawmoggawmot
Could you wait for me?	**Kérem, várjon meg.**	kayræm vaaryawn mæg
I'll be back in 10 minutes.	**10 perc múlva itt vagyok.**	10 pærts mōōlvo eet vodᵛawk

Hotel — Other accommodation

Hotel rooms are often in short supply, both in the capital and in popular tourist areas such as around Lake Balaton. The busiest periods are the summer season and any time when trade fairs, exhibitions or major international conferences are being held, particularly in Budapest. Travel agencies in your own country will probably be able to give you the precise dates of such events. Otherwise you could write to one of the foreign agencies of *Ibusz*, the Hungarian national tourist organization.

Szálloda
(saal-lawdo)

Both large and small hotels go under this name (though the foreign word "hotel" is also used quite widely). They are graded by stars, from 5-star de-luxe establishments to 1-star budget hotels.

Hotels are clean and standards of service acceptable, depending on the category of hotel. Most 3-, 4- and 5-star hotels offer shopping arcades, tourist and airline offices and a variety of sightseeing programs.

Fizetővendég-szolgálat
(feezætūrvæn-daygsawlgaalot)

This is the term for private accommodation, a service operated by most travel agencies. In Budapest, rates overlap with those of modest hotels, but in the countryside they are usually very reasonable. You may have the choice of room only or with breakfast included. Bathroom facilities, generally shared, are available.

Along major roads and in holiday centres you will also see numerous signs for private accommodation reading *Szoba kiadó* or, in German, *Fremdenzimmer*. Both are the equivalent of the English "Bed and Breakfast". Feel free to knock on the door yourself, phrase book in hand — there's no need to go through an agency for this type of accommodation.

Panzió
(ponzeeāw)

This is a term for homely accommodation with catering facilities for individuals or small groups.

Ifjúsági szállás
(eefyōōshaaghee saalaash)

Youth hostel, contact the *Express* office.

Checking in – Reception   *Recepció*

My name is ...	... **vagyok.**	... vod^yawk
I have a reservation.	**Előre foglaltam szobát.**	ælūrræ fawgloltom sawbaat
We've reserved 2 rooms.	**Két szobát foglaltunk.**	kayt sawbaat fawgloltoonk
Here's the confirmation.	**Itt a visszaigazolásunk.**	eet o vees-soeegozzawlaashoonk
Do you have any vacancies?	**Van szabad szobájuk?**	von sobbod sawbaayook
I'd like a ...	**Szeretnék egy ...**	særætnayk æd^y
single room	**egyágyas szobát**	æd^yaad^yosh sawbaat
double room	**kétágyas szobát**	kaytaad^yosh sawbaat
We'd like a room ...	**Szeretnénk egy szobát ...**	særætnaynk æd^y sawbaat
with twin beds	**ikerággyal**	eekæraad^y-d^yol
with a double bed	**franciaággyal**	frontseeo-aad^y-d^yol
with a view	**szép kilátással**	sayp keelaataash-shol
at the front	**az utcai oldalon**	oz oottsoee awldollawn
at the back	**az udvari oldalon**	oz oodvorree awldollawn
We'd like a room ...	**Szeretnénk ... szobát.**	særætnaynk ... sawbaat
with a bath	**egy fürdőszobás**	æd^y fewrdūrsawbaash
with a shower	**egy zuhanyozós**	æd^y zoohon^yawzāwsh
with a balcony	**egy erkélyes**	æd^y ærkay^yæsh
It must be quiet.	**Egy csendes szobát.**	æd^y chændæsh sawbaat
Is there ...?	**Van ...?**	von
air conditioning	**légkondicionálás**	laygkawndeetseeawnaalaash
a conference room	**konferencia terem**	kawnfæræntseeo tæræm
a laundry service	**mosoda**	mawshawdo
a private toilet	**külön W.C.**	kewlurn vaytsay
a radio/television in the room	**rádió/TV a szobában**	raadeeāw/tayvay o sawbaabon
a swimming pool	**uszoda**	oosawdo
hot water	**meleg víz**	mælæg vēēz
room service	**felszolgálás a szobában**	fælsawlgaalaash o sawbaabon
running water	**folyó víz**	faw^yāw vēēz

CHECKING OUT, see page 31

Could you put an extra bed/ a cot in the room?	Be tudnának tenni egy pótágyat/ gyerekágyat a szobába?	bæ **toodn**aanok **tæn**-nee æd^y **pāw**taad^yot/ d^yæ**ræk**aad^yot o **saw**baabo

How much? *Mennyi?*

How much does it cost ...?	Mennyibe kerül ...?	mæn^yeebæ kærewl
per night	egy éjszakára	æd^y ay^ysokkaaro
per week	egy hétre	æd^y haytræ
for bed and breakfast	egy szoba reggelivel	æd^y sawbo ræg-gæleevæl
excluding meals	étkezés nélkül	aytkæzaysh naylkewl
for full board (A.P.)	teljes ellátással	tæ^yæsh æl-laataash-shol
for half board (M.A.P.)	napi két étkezéssel	noppee kayt aytkæzaysh-shæl
Does that include ...?	Ez magában foglalja ...?	æz moggaabon fawglolyo
breakfast	a reggelit	o ræg-gæleet
service	a kiszolgálást	o keesawlgaalaasht
Is there any reduction for children?	Van kedvezmény gyerekek részére?	von kædvæzmayn^y d^yærækæk raysayræ
Do you charge for the baby?	A kisbabáért is fizetünk?	o keeshbobbaa-ayrt eesh feezætewnk
That's too expensive.	Túl drága.	tōōl draago
Do you have anything cheaper?	Volna olcsóbb szobájuk?	vawlno awlchāwb sawbaayook

How long? *Mennyi ideig?*

We'll be staying ...	... maradunk.	... morroddoonk
overnight only	Csak egy éjszakára	chok æd^y ay^ysokkaaro
a few days	Néhány napig	nayhaan^y noppeeg
a week (at least)	Egy hétig (legalább)	æd^y hayteeg (lægollaab)
I don't know yet.	Még nem tudom.	mayg næm toodawm

NUMBERS, see page 147

Choosing a room   *Szobaválasztás*

May I see the room?	**Láthatnám a szobát?**	laathotnaam o sawbaat
That's fine. I'll take it.	**Ez jó lesz. Kiveszem.**	æz yāw læs. keevæsæm
No. I don't like it.	**Ez nem tetszik.**	æz næm tætseek
It's too ...	**Túl ...**	tōōl
cold/hot	**hideg/meleg**	heedæg/mælæg
dark/small	**sötét/kicsi**	shurtayt/keechee
noisy	**zajos**	zoyawsh
I asked for a room with a bath.	**Fürdőszobás szobát kértem.**	fewrdūrsawbaash sawbaat kayrtæm
Do you have anything ...?	**Volna valami ...?**	vawlno vollommee
better	**jobb**	yawb
bigger	**nagyobb**	nod^yawb
cheaper	**olcsóbb**	awlchāwb
quieter	**csendesebb**	chændæshæb
Do you have a room with a better view?	**Van jobb kilátású szoba?**	von yawb keelaataashōō sawbo

Registration   *Bejelentkezés*

Upon arrival at a hotel or guesthouse you'll be asked to fill in a registration form (*bejelentőlap* – **b**æyælæntūrlop).

Név/Keresztnév	Name/First name
Lakcím (város/utca/házszám)	Address (Home town/Street/Number)
Nemzetiség/Foglalkozás	Nationality/Occupation
Születés helye/ideje	Date/Place of birth
Útlevélszám	Passport number
Keltezés (helye/ideje)	Place/Date
Aláírás	Signature

HOTEL

| What does this mean? | **Ez mit jelent?** | æz meet yælænt |

Az útlevelét legyen szíves.	May I see your passport, please?
Legyen szíves kitölteni ezt a bejelentőlapot.	Would you mind filling in this registration form?
Kérem itt írja alá.	Please sign here.
Mennyi ideig marad?	How long will you be staying?

What's my room number?	**Mi a szoba számom?**	mee o sawbo saamawm
Will you have our luggage sent up?	**Felküldené a csomagjainkat?**	fælkewldænay o chawmogyoeenkot
Where can I leave my car?	**Hol hagyhatom a kocsimat?**	hawl hodʸhottawm o kawcheemot
Does the hotel have a car park?	**Van a szállodának parkolója?**	von o saal-lawdaanok porkawlāwyo
I'd like to leave this in the hotel safe.	**Ezt a széfjükben szeretném hagyni.**	æst o sayfyewkbæn særætnaym hodʸnee

Hotel staff *Szálloda személyzet*

hall porter	**portás**	pawrtaash
maid	**szobalány**	sawbollaanʸ
manager	**szálloda igazgató**	saal-lawdo eegozgottāw
page (bell boy)	**londiner**	lawndeenær
porter	**hordár/boy**	hawrdaar/"boy"
receptionist	**recepciós**	rætsæptseeāwsh
switchboard operator	**telefonközpontos**	tælæfawnkurzpawntawsh
waiter	**pincér**	peentsayr
waitress	**pincérnő**	peentsayrnūr

If you want to address members of the staff, you don't use the actual names shown above, but a general introductory phrase:

| Excuse me ... | **Elnézést .../ Legyen szíves ...** | ælnayzaysht/lædʸæn seevæsh |

Szálloda

General requirements   *Különböző kívánságok*

The key to room ..., please.	A ...-os szobakul-csot kérem.	o ...-awsh **saw**bokkool-chawt **kay**ræm
Could you wake me at ... please?	Kérem ébresszen fel ...-kor.	**kay**ræm **ay**bræs-sæn fæl ...-kawr
When is breakfast/lunch/dinner served?	Mikor szolgálják fel a reggelit/ebédet/vacsorát?	**mee**kawr **sawl**gaalyaak fæl o ræg-**gæ**leet/**æ**baydæt/**vo**chawraat
May we have breakfast in our room, please?	Reggelizhetnénk a szobában?	ræg-**gæ**leezhætnaynk o **saw**baabon
Is there a bath on this floor?	Van fürdőszoba ezen az emeleten?	von **fewr**dūrsawbo æzæn oz **æ**mælætæn
What's the voltage?	Mennyi a feszültség?	**mæn**Yee o **fæ**sewltshayg
Where's the shaver socket (outlet)?	Hol van a borotva konnektor?	hawl von o **baw**rawtvo **kawn**-næktawr
Can you find me a ...?	Tudnának biztosítani egy ...?	**tood**naanok **beez**tawshēē-tonee æd^y
babysitter	babysittert	**bay**beeseet-tært
secretary	titkárnőt	**teet**kaarnūrt
typewriter	írógépet	**ee**rawgaypæt
May I have a/an/some ...?	Kaphatnék ...?	**kop**hotnayk
bath towel	egy fürdő törülközőt	æd^y **fewr**dūr **tur**rewlkurzūrt
(extra) blanket	(még) egy takarót	(mayg) æd^y **tok**korrāwt
envelopes	néhány borítékot	**nay**haan^y **baw**rēētaykawt
(more) hangers	(még) akasztókat	**ok**kostāwkot
hot-water bottle	ágymelegítőt	**aad**^{y}mælæghēētūrt
ice cubes	jégkockákat	**yayg**kotskaakot
needle and thread	tűt, cérnát	**tēw**t **tsay**rnaat
(extra) pillow	(még) egy párnát	(mayg) æd^y **paar**naat
reading lamp	egy olvasólámpát	æd^y **awl**voshāwlaampaat
soap	szappant	**sop**-pont
writing paper	levélpapírt	**læ**vaylpoppeert
Where's the ...?	Hol van ...?	hawl von
bathroom	a fürdőszoba	o **fewr**dūrsawbo
dining-room	az ebédlő	oz **æ**baydlūr
emergency exit	a vészkijárat	o **vays**keeyaarot
hairdresser's	a fodrász	o **fawd**raas
lift (elevator)	a lift	o **leeft**
Where are the toilets?	Hol van a W.C.?	hawl von o **vayt**say

---

BREAKFAST, see page 39/TELLING THE TIME, see page 153

Telephone – Post (mail)   *Telefon – Posta*

Can you get me London 123-45-67?	**Fel tudná nekem hívni a London 123-45-67-es számot?**	fæl **toodnaa nækæm hēēvnee** o **lawndawn** 123-45-67-æsh **saamawt**
Do you have any stamps?	**Bélyegük van?**	bay^yæghewk von
Would you post this for me, please?	**Legyen szíves ezt feladni nekem.**	læd^yæn **sēēvæsh æst fælodnee nækæm**
Are there any letters for me?	**Van postám?**	von **pawshtaam**
Are there any messages for me?	**Van valami üzenet a számomra?**	von **vollommee ewzænæt** o **saamawmro**
How much is my telephone bill?	**Mennyi a telefonszámlám?**	mæn^yee o **tælæfawnsaamlaam**

Difficulties   *Nehézségek*

The ... doesn't work.	**Nem működik ...**	næm **mēwkurdeek**
air conditioning	**a légkondicionáló**	o **laygkawndeetseeawnaalāw**
fan	**a ventillátor**	o **vænteel-laatawr**
heating	**a fűtés**	o **fēwtaysh**
light	**a világítás**	o **veelaagēētaash**
radio	**a rádió**	o **raadeeāw**
television	**a televízió**	o **tælævēēzeeāw**
The tap (faucet) is dripping.	**Csöpög a csap.**	**churpurg** o chop
There's no hot water.	**Nincs meleg víz.**	neench **mælæg vēēz**
The washbasin is blocked.	**El van dugulva a mosdó.**	æl von **doogoolvo** o **mawshdāw**
The window is jammed.	**Be van szorulva az ablak.**	bæ von **sawroolvo** oz **oblok**
The curtains are stuck.	**A függöny megakadt.**	o **fewg-gurn^y mægokkodt**
The bulb is burned out.	**Kiégett a villanykörte.**	**keeaygæt** o **veel-**lon^y**-kurrtæ**
My bed hasn't been made up.	**Nem ágyaztak be.**	næm **aad^yoztok** bæ

POST OFFICE AND TELEPHONE, see page 132

The ... is broken.	**Elromlott ...**	ælrawmlawt
blind	**a roló**	o rawlāw
lamp	**a lámpa**	o laampo
plug	**a dugó**	o doogāw
shutter	**a zsalu**	o zholloo
switch	**a kapcsoló**	o kopchawlāw
Can you get it repaired?	**Meg tudná javíttatni?**	mæg toodnaa yovvēētotnee

Laundry – Dry cleaner's   *Mosoda/Patyolat – Tisztító*

I'd like these clothes ...	**Ezeket a ruhákat szeretném ...**	æzækæt o roohaakot særætnaym
cleaned	**kitisztíttatni**	keeteestēēt-totnee
ironed	**kivasaltatni**	keevosholtotnee
washed	**kimosatni**	keemawshotnee
When will they be ready?	**Mikorra lesznek kész?**	meekawr-ro læsnæk kays
I need them ...	**... szükségem van rájuk.**	... sewkshaygæm von raayook
today	**Ma**	mo
tonight	**Ma este**	mo æshtæ
tomorrow	**Holnap**	hawlnop
before Friday	**Péntek előtt**	payntæk ælūrt
Can you mend this?	**Megjavítaná?**	mæægyovveetonnaa
Can you patch this?	**Megfoltozná?**	mæægfawltawznaa
Can you stitch this?	**Megvarrná?**	mæægvornaa
Can you sew on this button?	**Felvarrná ezt a gombot?**	fælvornaa æst o **gawm**bawt
Can you get this stain out?	**Ki tudná venni ezt a foltot?**	kee toodnaa væn-nee æst o **fawl**tawt
Is my laundry ready?	**Készen van a mosnivalóm?**	kaysæn von o **mawsh**nee-vollawm
This isn't mine.	**Ez nem az enyém.**	æz næm oz æn^yaym
There's something missing.	**Valami hiányzik.**	vollommee **hee**aan^yzeek
There's a hole in this.	**Ez lyukas.**	æz **yoo**kosh

Szálloda

Hairdresser – Barber   *Fodrász – Borbély*

Is there a hair-dresser/beauty salon in the hotel?	**Van fodrász/ kozmetikai szalon a szállóban?**	von **fawd**raas/ **kawz**mæteekoee sollawn o saal-**lāw**bon
Can I make an appointment for Thursday?	**Csütörtökön mikor jöhetnék?**	**chew**turrturkurn **meek**awr yurhætnayk
I'd like a cut and blow dry.	**Hajvágást és beszárítást kérek.**	**hoy**vaagaasht aysh bæsaar**ēē**taasht **kay**ræk
I'd like a/an ..., please.	**... kérek.**	... **kay**ræk
bleach	**szőkítést**	s**ūr**k**ēē**taysht
blow-dry	**beszárítást**	bæsaar**ēē**taasht
colour rinse	**bemosást**	bæ**maw**shaasht
dye	**festést**	**fæsh**taysht
face pack	**arcpakolást**	orts**pokk**awlaasht
hair gel	**hajzselét**	**hoy**zhælayt
manicure	**manikűrt**	monnee**kēw**rt
permanent wave	**tartós hullámot**	tort**āw**sh **hool**-laamawt
setting lotion	**fixatőrt**	feexott**ūr**rt
shampoo and set	**mosást és berakást**	**maw**shaasht aysh bærok**kaa**sht
with a fringe (bangs)	**frufruval**	**froo**froovol
I'd like a shampoo for ... hair.	**Sampont szeretnék ... hajra.**	**shom**pawnt særætnayk ... **hoy**ro
normal/dry/ greasy (oily)	**normál/száraz/ zsíros**	**nawr**maal/**saar**oz/ zh**ēē**rawsh
Do you have a colour chart?	**Van színtáblájuk?**	von s**ēē**ntaablaayook
Don't cut it too short.	**Ne vágja túl rövidre.**	næ **vaag**yo t**ōō**l **rur**veedræ
A little more off the ...	**Vágjon egy kicsit többet ...**	**vaag**yawn æd**ʸ keec**heet **turb**-bæt
back	**hátul**	**haa**tool
neck	**a nyaknál**	o n**ʸok**naal
sides	**oldalt**	**awl**dolt
top	**a tetején**	o **tæt**æyayn
I don't want any hairspray.	**Nem kérek hajlakkot.**	næm **kay**ræk **hoy**lok-kawt

DAYS OF THE WEEK, see page 151

I'd like a shave.	**Borotválást kérek.**	bawrrawtvaalaasht kayræk
Would you trim my ..., please?	**Kiigazítaná a ...?**	kee-eegozz**ēē**tonnaa o
beard	**szakállamat**	sokkaal-lommot
moustache	**bajuszomat**	boyoosawmot
sideboards (sideburns)	**pajeszomat**	poyæsawmot

Checking out *Távozás*

May I have my bill, please?	**Kérem a számlámat.**	kayræm o **saam**laamot
I'm leaving early in the morning.	**Holnap korán elmegyek.**	hawlnop kawraan elmæd^yæk
Please have my bill ready.	**Kérem készítsék el a számlámat.**	kayræm kays**ēē**tshayk æl o **saam**laamot
We'll be checking out around noon.	**Dél körül utazunk el.**	dayl kurrewl **oo**tozzoonk æl
I must leave at once.	**Azonnal indulnom kell.**	ozzawn-nol eendoolnawm kæl
Is everything included?	**Ebben minden benne van?**	æb-bæn meendæn bæn-næ von
Can I pay by credit card?	**Hitelkártyával fizethetek?**	heetælkaart^yaavol feezæthætæk
I think there's a mistake in the bill.	**Azt hiszem, hibásan állította össze a számlámat.**	ost heesæm heebaashon aal-leetawto urs-sæ o **saam**laamot
Can you get us a taxi?	**Tudna hívni egy taxit?**	toodno h**ēē**vnee æd^y toxeet
Could you have our luggage brought down?	**Lehozatná a csomagjainkat?**	læhawzotnaa o chaw-mogyoeenkot
Here's the forwarding address.	**Itt a következő címem.**	eet o kurvætkæz**ūr** tseemæm
You have my home address.	**Önnek megvan az otthoni címem.**	urn-næk mægvon oz awthawnee ts**ēē**mæm
It's been a very enjoyable stay.	**Nagyon jól éreztük magunkat.**	nod^yawn y**āwl** ayræztewk moggoonkot

TIPPING, see inside back-cover

Camping *Kemping*

Camping facilities are available at more than 200 sites, the majority of which are clustered around Lake Balaton, South-West of Budapest. They are graded in three categories according to the amenities and services they offer. First and second-class sites have shops, restaurants, showers, toilets and electrical outlets for campers. Tents and cabins can be rented at first-class sites. Foreign visitors generally find rates very advantageous, bills can be paid in local currency.

Is there a camp site near here?	**Van a közelben kemping?**	von o **kurz**ælbæn **kæm**peeng
Can we camp here?	**Itt kempingezhetünk?**	eet kæmpeengæzhætewnk
Do you have room for a tent/caravan (trailer)?	**Van helyük egy sátor/ lakókocsi részére?**	von hæᵛ ewk ædᵛ **shaa**tawr/ lokk**āw**kawchee **ray**sayræ
What's the charge ...?	**Mennyibe kerül ...?**	mænᵛeebæ **kæ**rewl
per day	**naponta**	**nop**pawnto
per person	**személyenként**	sæmay**ᵛæn**kaynt
for a car	**gépkocsinként**	gaypkawcheenkaynt
for a tent	**sátranként**	**shaa**tronkaynt
for a caravan (trailer)	**lakókocsinként**	lokk**āw**kawcheenkaynt
Is tourist tax included?	**A területhasználati díj is benne van?**	o tærewlæt**hos**naalottee **dēē**ᵛ eesh **bæn**-næ von
Is there/ Are there (a) ...?	**Van ...?**	von
cooking facilities	**főzesre lehetőség**	**fūr**zæshræ **læ**hætūrshayg
drinking water	**ivóvíz**	eev**āw**vēēz
electricity	**áram**	**aa**rom
playground	**játszótér**	yaats**āw**tayr
restaurant	**étterem**	**ayt**-tæræm
shopping facilities	**üzletek**	**ewz**lætæk
swimming pool	**uszoda**	**oo**sawdo
Where are the showers/toilets?	**Hol van a zuhanyozó/ W.C.?**	hawl von o **zoo**honᵛaw**zāw**/ **vayt**say
Where can I get butane gas?	**Hol kapok butángázt?**	hawl **kop**pawk **boo**taangaast
Is there a youth hostel near here?	**Van a közelben ifjúsági szállás?**	von o **kurz**ælbæn eefy**ōō**shaaghee **saal**-laash

CAMPING EQUIPMENT, see page 106

Eating out

There are many different types of places in which to enjoy meals and drink, from simple snackbars to luxury restaurants:

Bisztró
(**bees**trāw)

A small restaurant, generally offering reasonably priced standard meals and drinks, including coffee and tea, at any time during opening hours. Usually frequented by people in a hurry.

Büfé/Falatozó
(**bew**fay/**foll**ottawzaw)

Found at railway and bus stations, in shopping centres and department stores, buffets serve hot and cold sandwiches, cakes, desserts and all kinds of drinks including coffee and tea. Some are open round the clock. Prices are reasonable.

Csárda
(**chaar**do)

A country inn, usually offering regional food and drink specialities in the medium price range. In the evening, gypsy bands often provide romantic music to go with the meal. Found mainly on major highways.

Cukrászda
(**tsook**raazdo)

A pastry shop serving sandwiches, cakes, desserts, ice cream, soft drinks, coffee, tea and alcoholic drinks.

Étterem
(**ayt**-tæræm)

The traditional restaurant, serving a wide range of dishes and drinks. These establishments are classified according to location, facilities and standard of service, with the category indicated on the menu (see page 40). Prices do not necessarily reflect quality of food, and the same dish may cost much more in a first-class restaurant than in a modest one. Gypsy bands often play at night. In a hotel *étterem,* price and quality depend on the category of the hotel.

Kávéház/Presszó
(**kaa**vayhaaz/
præssāw)

Café, most places serve cakes, sandwiches and drinks.

Kifőzés
(**kee**fūrzaysh)

A small, low-priced inn, often a family concern, open mainly during the tourist season. First-class country food as well as local wine and beer are served. In the Lake Balaton area some of these establishments are famous for their gourmet creations.

Önkiszolgáló
(**urn**keessawlgaalāw)

A self-service snackbar-type establishment. Mostly located in town centres and near railway stations, they are inexpensive but not always too clean.

Snackbár
("snackbar")

A superior *önkiszolgáló* offering sandwiches, cakes and all kinds of drinks including espresso coffee and tea at slightly higher prices.

Vendéglő
(**væn**dayglūr)

A larger restaurant, usually with rustic décor, serving moderately priced meals and all kinds of drinks. Good gypsy music is often played at night.

Mainly for drinking

Borozó
(**baw**rawzāw)

A wine bar, offering a variety of wines and some snacks. Prices vary widely.

Borpince
(**bawr**peentsæ)

A wine cellar, usually run by a wine-producing cooperative or farm. Exceptionally high-quality wines and light food are available at moderate prices.

Drinkbár
("drinkbar")

A bar, frequented mostly by tourists, serving mainly spirits (liquor). Prices are high.

Eszpresszó
(**æs**præss-sāw)

A small coffee bar offering mainly espresso coffee but also some other non-alcoholic and alcoholic beverages at moderate prices. Light refreshments and ice-cream are also available.

Mulató
(**moo**lottāw)

A modest nightclub, with a minor floor show. The accent is on expensive imported spirits. Light snacks are available.

Söröző/sörbár
(**shurr**urzūr/**shurr**baar)

A beer hall, with moderate prices. Some imported beers are available but at higher prices.

Tejbár/Tejivó
(tæ^ybaar/tæ^yeevāw)

Milkbars go under either of these two names. In addition to milk and milk-based drinks, sandwiches, cakes and other snacks are available, all at very reasonable prices. Just the place for breakfast or a mid-morning snack.

Eating habits *Étkezési szokások*

Although traditionally the Hungarian breakfast is quite substantial, most Hungarians have a cup of strong black coffee and maybe a sandwich for breakfast. Hotels provide a continental breakfast – bread and rolls, butter and jam, coffee or tea. However, in the countryside, hotels routinely add eggs, cold meats, cheese and yoghurt.

Lunch is the main meal of the day for most people. This means soup, a main course and dessert, with beer, wine or soft drinks, followed by coffee.

At dinner people usually skip the soup and may replace the meat course with a cold snack.

Before starting a meal people say *Jó étvágyat!* – the equivalent of bon appétit – to each other, and after the meal, before you leave the table it is polite to say *Egészségünkre!* – (to our health).

Apart from the three main meals, many people enjoy a mid-morning snack at about 10 a.m. *(tízórai)*, as well as a little something around 4 p.m. *(uzsonna)*. On the whole, it would be best to forget about dieting while in Hungary.

Meal times *Étkezési idő*

Breakfast (*reggeli*—**ræg**-gælee): 7–10 a.m.

Lunch (*ebéd*—**æ**bayd): noon–2 or 3 p.m.

Dinner (*vacsora*—**vo**chawro): 7–10 or 11 p.m.

Restaurants in leading hotels will often serve à-la-carte meals in your room round the clock.

BREAKFAST, see page 39

Hungarian cuisine *Magyar konyha*

Hungarians love eating. They fill their plates to overflowing with meat and piles of potatoes, pasta, rice or dumplings. Hungarian cooking is homely and substantial, but also spicy and varied. It is a combination of diverse influences – Turkish, Italian and French (via the court of Vienna) – the succulent heritage of an eventful past. Paprika, the national spice, is not always fiery – it is available in hot and mild varieties, and although it typifies Hungarian cuisine, many dishes contain no paprika at all.

Every region has its specialities – fish delicacies from the warm-water Lake Balaton area; rustic stews, hot pots and goulash from the Great Plain, or *puszta;* plentiful game from the forests of Northern Hungary; country soups from the western towns and villages; and sophisticated dishes from the great chefs of Budapest.

Mit parancsol?	What would you like?
Szabad ezt ajánlanom?	I recommend this.
Mit óhajt inni?	What would you like to drink?
Sajnos nem szolgálhatunk ... -val.	We don't have ...
Parancsol ...-t?	Would you like ...?

Hungry? *Éhes?*

I'm hungry/I'm thirsty.	**Éhes vagyok/Szomjas vagyok.**	ayhæsh vod^{y}awk/ sawmyosh vod^{y}awk
Can you recommend a good restaurant?	**Tudna ajánlani egy jó éttermet?**	toodno oyaanlonnee æd^y yāw ayt-tærmæt
Are there any inexpensive restaurants around here?	**Vannak a környéken olcsó éttermek?**	von-nok o kurrn^{y}aykæn awlchāw ayt-tærmæk

If you want to be sure of getting a table in a popular restaurant, it may be better to book in advance.

I'd like to reserve a table for 4.	**4 fő részére szeretnék asztalt foglalni.**	nayd^y fūr raysayræ sæærætnayk ostolt fawglolnee
We'll come at 8.	**8 órakor jövünk.**	n^y awlts āwrokkawr yurvewnk
Could we have a table ...?	**Lenne szabad asztaluk ...?**	læn-næ sobbod ostollook
in the corner	**a sarokban**	o shorrawkbon
by the window	**az ablaknál**	oz obloknaal
outside	**kint**	keent
on the terrace	**a teraszon**	o tærossawn
Does the restaurant have a non-smoking area?	**Van nemdohányzó része az étteremnek?**	von næmdawhaan^{y}zāw raysæ oz ayt-tæræmnæk

Asking and ordering *Rendelés*

Waiter/Waitress!	**Pincér/Kisasszony!**	peentsayr/keeshossawn^y
I'd like something to eat/drink.	**Szeretnék valamit enni/inni.**	sæærætnayk vollommeet ænnee/eennee
May I have the menu, please?	**Egy étlapot kérnék.**	æd^y aytloppawt kayrnayk
Do you have a set menu/local dishes?	**Van napi menüjük/ valami helyi specialitásuk?**	von noppee mænewyewk/ vollommee hæyee shpæætseeolleetaashook
What to you recommend?	**Mit ajánlana?**	meet oyaanlonno
Do you have anything ready quickly?	**Van valami, ami gyorsan elkészül?**	von vollommee ommee d^{y}awrshon ælkaysewl
I'm in a hurry.	**Sietek.**	sheeætæk
I'd like ...	**Kérnék ...**	kayrnayk
Could we have a/ an ..., please?	**Kaphatnánk egy ...**	kophotnaank æed^y
ashtray	**hamutartót**	hommootortāwt
cup	**csészét**	chaysayt
fork	**villát**	veellaat
glass	**poharat**	pawhorrot
knife	**kést**	kaysht
napkin (serviette)	**szalvétát**	solvaytaat
plate	**tányért**	taan^{y}ayrt
spoon	**kanalat**	konnollot
May I have some ...?	**Kaphatnék ...?**	kophotnayk

bread	**kenyeret**	kæn^yæræt
butter	**vajat**	voyot
lemon	**citromot**	tseetrawmawt
oil	**olajat**	awloyot
pepper	**borsot**	bawrshawt
salt	**sót**	shāwt
seasoning	**fűszereket**	fēwsærækæt
sugar	**cukrot**	tsookrawt
vinegar	**ecetet**	ætsætæt

Some useful expressions for those with special requirements:

I'm on a diet.	**Fogyókúrázom.**	fawd^yawkōōraazawm
I'm vegetarian.	**Vegetáriánus vagyok.**	væghætaareeaanoosh vod^yawk
I don't drink alcohol.	**Nem iszom alkoholt.**	næm eesawm olkawhawlt
I don't eat meat.	**Nem eszem húst.**	næm æsæm hōōsht
I mustn't eat food containing ...	**Nem ehetek ... ételt.**	næm æhætæk ... aytælt
flour/fat	**lisztes/zsíros**	leestæsh/zhēērawsh
salt/sugar	**sós/cukros**	shāwsh/tsookrawsh
Do you have ... for diabetics?	**Van ... cukorbetegek részére?**	von ... tsookawrbætæghæk raysayræ
cakes	**sütemény**	shewtæman^y
fruit juice	**gyümölcslé**	d^yewmurlchlay
a special menu	**speciális menü**	shpætseeaaleesh mænew
Do you have any vegetarian dishes?	**Van vegetáriánus ételük?**	von væghætaareeaanoosh aytælewk
Could I have ... instead of dessert?	**Kaphatnék ... édesség helyett?**	kophotnayk ... aydæsh-shayg hæyæt
Can I have an artificial sweetener?	**Kaphatnék szacharint?**	kophotnayk sohoreent

And ...

I'd like some more.	**Kérnék még ilyet.**	kayrnayk mayg eeyæt
Can I have more ..., please?	**Kaphatnék még ...?**	kophotnayk mayg
Just a small portion.	**Csak egy kisadagot.**	chok æd^y keeshoddoggawt
Nothing more, thanks.	**Köszönöm, mást nem kérek.**	kursurnurm maasht næm kayræk
Where are the toilets?	**Hol van a W.C.?**	hawl von o vaytsay

Breakfast *Reggeli*

The Hungarian breakfast can be a very substantial affair consisting of bread or rolls and butter, jam, salami, sausages, cheese, eggs, tomatoes and green peppers. If this is too much for you, just specify what you would like from the list below.

I'd like breakfast, please.	**Reggelizni szeretnék.**	ræg-gæleeznee særætnayk
I'll have a/an/ some ...	**Kérnék ...**	kayrnayk
boiled egg	**főtt tojást**	fūrt tawyaasht
soft/hard	**lágy/kemény**	laadᵛ/kæmaynᵛ
cereal	**müzlit**	mewzleet
eggs	**tojást**	tawyaasht
fried eggs	**tükörtojást**	tewkurrtawyaasht
scrambled eggs	**rántottát**	raantawt-taat
fruit juice	**gyümölcslevet**	dᵛewmurlchlævæt
grapefruit	**grapefruitlevet**	graypfrootlævæt
orange	**narancslevet**	norronchlævæt
ham and eggs	**sonkát tojással**	shawnkaat tawᵛaash-shol
jam	**lekvárt**	lækvaart
toast	**piritóst**	peereetāwsht
yoghurt	**joghurtot**	yawghoortawt
May I have some ...?	**Kaphatnék ...?**	kophotnayk
bread	**kenyeret**	kænᵛæræt
butter	**vajat**	voyot
(hot) chocolate	**kakaót**	kokkoāwt
coffee	**kávét**	kaavayt
with whipped cream	**tejszínhabbal**	tæysēēnhobbol
with milk	**tejjel**	tæyᵛ-yæl
honey	**mézet**	mayzæt
milk	**tejet**	tæyæt
cold/hot	**hidegen/melegen**	heedægæn/mælægæn
pepper	**borsot**	bawrshawt
rolls	**zsemlét**	zhæmlayt
salt	**sót**	shāwt
tea	**teát**	tæaat
with milk	**tejjel**	tæyyæl
with lemon	**citrommal**	tseetrawm-mol
(hot) water	**(forró)vizet**	(fawr-raw) veezæt

What's on the menu?   *Mi van az étlapon?*

Besides ordering à la carte, you can order a fixed-price menu *(napi menü)* at low to moderate prices. Some top restaurants also offer special dishes for those on certain diets as well as smaller portions for children. It is customary to tip the waiter about 10 per cent of the bill, depending on quality of service.

Under the headings below you'll find alphabetical lists of dishes that might be offered on a Hungarian menu with their English equivalent. You can simply show the book to the waiter. Should you want some soup, for example, show him the corresponding list and let him point to what's available. Use pages 37 and 38 for ordering in general.

Reading the menu *Olvassuk az étlapot*

I. osztályú étterem	First-class restaurant
II. osztályú étterem	Second-class restaurant
III. osztályú étterem	Third-class restaurant
Osztályon felüli étterem	Top-class restaurant
Az árak köret nélkül értendők.	Prices do not include garnishes.
Az ételeket körettel szolgáljuk fel.	Meals are served with garnishes.
Az X-el jelölt ételek elfogytak.	Meals marked with X are no longer available.
... Ft. kötelező fogyasztás.	Minimum order: ... forints.
frissen sültek	made to order
készételek	ready-made meal
zónaadag/kisadag	small portion

borok	bawrawk	wine
desszertek	dæssærtæk	desserts
édességek	aydæsh-shaygæk	desserts
előételek	ælūraytælæk	appetizers
gyümölcsök	d^yewmurlchurk	fruit
halételek	hollaytælæk	fish
hidegtálak	heedægtaalok	cold meals
húsételek	hōōshaytælæk	meat
italok	eetollawk	drinks
köretek	kurrætæk	garnishes
levesek	lævæshæk	soups
sajtok	shoytawk	cheese
saláták	shollaataak	salads
sütemények	shewtæmayn^yæk	pastries
szeszes italok	sæsæsh eetollawk	alcoholic drinks
tészták	taystaak	desserts
üdítők	ewdeetūrk	soft drinks
vadételek	voddaytælæk	game

Appetizers *Előételek*

Restaurants offer a rich choice of both international and typically Hungarian appetizers, both hot and cold. For a light meal it's quite acceptable to take a soup, then an appetizer, and skip the rest.

I'd like a ...	... **kérnék.**	... **kayrnayk**
cold appetizer	**Hideg előételt**	heedæg ælūr-aytælt
hot appetizer	**Meleg előételt**	mælæg ælūraytælt
What would you recommend?	**Mit ajánlana?**	meet oyaallonno

Cold appetizers *Hideg előételek*

bécsi heringsaláta	baychee hæreeng-shollaato	herring salad Vienna style (with vinegar)
francia saláta	frontseeo shollaato	Russian salad
jérce koktél	vayrtsæ kawktayl	chicken cocktail
kaszinó tojás	kosseenāw taw^yaash	eggs with mayonnaise
kaviár	kovveeaar	caviar
magyaros ízelítő	mod^yorawsh eezæleetūr	a choice of salami, sausages, goose liver, eggs, green pepper
majonézes kukorica	moyawnayzæsh kookawreetso	sweetcorn with mayonnaise
orosz hússaláta	awraws hōōshshollaato	Russian salad with meat
töltött tojás kaviárral	turlturt taw^yaash kovveeaar-rol	eggs stuffed with caviar
alföldi saláta (olfurldee shollaato)	salad Alföldi style: slices of sausage in vinaigrette sauce	
fokhagymás majonézes fejes saláta (fawkhod^ymaash moyawnayzæsh fæyæsh shollaato)	lettuce salad with garlic flavoured mayonnaise	

**gombafejek
májkrémmel töltve**
(**gawm**boffæ^yæk
maa^ykraymmæl tur**lt**væ)

mushrooms stuffed with liver paté

**halsaláta szegedi
módra**
(**hol**shollaato sægædee
māwdro)

fish salad Szeged style: fish pieces, diced
peppers, tomatoes and chives turned in oil
and accompanied by lettuce and hard-boiled
eggs

**hideg fogas
tartármártással**
(**heed**æg fawgosh
tortaarmaartaash-shol)

kind of pike-perch with tartar sauce (may-
onnaise with gherkins, chives, capers and
olives)

**paprika szeletek
körözöttel töltve**
(**pop**reeko sælætæk
kurrurzurt-tæl tur**lt**væ)

green peppers sliced in four, filled with a mix
of ewe's cheese, butter, mustard, paprika,
caraway seeds and some beer

tormás sonkatekercs
(**tawr**maash shawn-
kotækærch)

slices of ham filled with horse-raddish

Hot appetizers   *Meleg előételek*

libamáj rizottó

lee**bom**maay **ree**zawt-
tāw

goose-liver risotto

**rántott gombafejek
tartármártással**
rántott sajt
rántott zöldbab

raantawt **gawm**boffæyæk
tortaarmaartaash-shol
raantawt shoyt
raantawt zur**ld**bob

fried mushrooms with
tartar sauce
fried cheese
fried string beans

**hortobágyi húsos
palacsinta**
(**hawr**tawbaad^yee
hōōshawsh
pollocheento)

stuffed pancakes Hortobágy style: filled with
veal or pork meat and sour cream, then
briefly gratinated

libamáj pástétom
(lee**bom**maay
paashtaytawm)

goose-liver paté mixed with butter and
béchamel (white)sauce, spices and brandy,
served in a flaky pastry shell

**omlett debreceni
módra**
(**awm**læt dæbrætsænee
māwdro)

omelet Debrecen style: filled with *lecsó*
(a mix of sliced green peppers, tomatoes,
rice and spices) and dry sausage slices

From the baker's *Kenyér, pékáru*

"The Hungarians will even eat bread with bread" goes an old saying – which may give you an idea of the wide range of bakery products you can look forward to in this country.

kalács (kollaach)	fluffy white milk-bread, available also as rolls called *puffancs* (**poof**fonch)
lekváros bukta (lækvaarawsh **book**to)	sweet roll filled with jam
lekváros táska (lækvaarawsh **taash**ko)	pastry filled with jam
mákos kalács (maakawsh kollaach)	poppy-seed cake
óriáskifli (āwreeaashkeeflee)	large, flaky, crescent-shaped roll
sajtos pogácsa (shoytawsh pawgaacho)	scone with cheese
tepertős pogácsa (tæpærtūrsh pawgaacho)	crispy scone, seasoned with salt and pepper, topped with crackling
túrós táska/ökörszem (tōōrāwsh **taash**ko/ urkurrsæm)	pastry filled with cottage cheese and raisins

Soups *Levesek*

Richly flavoured soups are part of the Hungarian way of life. They are generally quite thick.

I'd like some soup.	**Levest kérek.**	lævæsht kayræk
almaleves **hideg/meleg**	olmollævæsh heedæg/mælæg	apple soup cold/hot
bajai halászlé	boyoee hollaaslay	fish and potato soup
burgonyakrémleves	boorgawn^yokraymlævæsh	cream of potato soup
csontleves	chawntlævæsh	bone consommé

erőleves húsgom-bóccal	ærūrlævæsh hōōshgawm-bāwtstsol	consommé with meat balls
gombaleves	gawmbollævæsh	mushroom soup
kalocsai halászlé	kollawcho-ee hollaaslay	fish soup in red wine
paradicsomleves	porroddeechawmlævæsh	tomato soup
savanyú tojásleves	shovvon^yōō taw^yaash lævæsh	sour egg soup
spárgakrém leves	shpaargokraym lævæsh	cream of asparagus soup
tejfeles bableves	tæ^yfælæsh boblævæsh	bean soup with sour cream
vegyes gyümölcs-leves hidegen	væd^yæsh d^yewmurlchlæ-væsh heedægæn	chilled fruit soup

Soup specialities   *Leves különlegességek*

bakonyi betyárleves
(bokkawn^yee bæt^yaarlævæsh)
"outlaw soup"—soup Bakony style: a mix of chicken, beef chunks, thin noodles, mushrooms and vegetables, richly spiced

Jókai bableves
(yāwko-ee boblævæsh)
bean soup Jókai style (Jókai was a famous Hungarian writer): a mix of smoked pig's knuckles, butter beans and carrots, seasoned with pepper, garlic, paprika and parsley

kunsági pandúrleves
(koonshaaghee pondōōrlævæsh)
chicken or pigeon soup Kunság style: seasoned with paprika, grated nutmeg, ginger and garlic

magyaros bur-gonyaleves
(mod^yorrawsh boorgawn^yollævæsh)
Hungarian potato soup: diced potatoes and onions with paprika

magyaros csirke-aprólékleves
(mod^yorrawsh cheer-kæoprāwlayklævæsh)
Hungarian chicken giblet soup with mushrooms, diced potatoes, pepper rings and tomatoes

palócleves
(pollāwtslævæsh)
a mix of mutton, French beans, potatoes and sour cream, seasoned with paprika, garlic and caraway seeds

szegedi halászlé
(sægædee hollaaslay)
a mix of various kinds of fish (usually carp, pike and wels), tomato and pepper rings, with hot paprika seasoning

Ujházy-tyúkleves
(ooyhaazee t^yōōklaevaesh)
a rich chicken soup with vegetables

Goulash Soup   *Gulyásleves*

The word *gulyás* (gōōyaash) itself means herdsman, and this dish used to be the basic fare of the ancient shepherds. Goulash is a very simple dish of beef, onion, potatoes and paprika. Nowadays there are many variations on the goulash theme. The variety you are most likely to find in restaurants is a rich soup made from the tradional ingredients and mild paprika, caraway seeds, garlic, vegetables and tiny dumplings *(csipetke)*.

I'd like some goulash.   **Gulyáslevest kérek.**   gooyaashlævæsht kayræk

Potatoes, rice and noodles   *Burgonya, rizs, galuska*

Hungarian soups are made even more substantial by the addition of dumplings, gnocchi, *csipetke* or pasta, while meat and fish dishes are always accompanied by something stanchy: plain boiled potatoes, rice, pasta or dumplings – rather than green vegetables.

burgonya/krumpli	boorgawnᵞo/kroomplee	potatoes
burgonyapüré	boorgawnᵞoppewray	mashed potatoes
főtt burgonya	fürt boorgawnᵞo	boiled potatoes
hasábburgonya	hoshaabboorgawnᵞo	chips (french fries)
petrezselymes	pætræzhæymæsh	fried new potatoes
újburgonya	ōōyboorgawnᵞo	with parsley
róseibni	rāwshæᵞbnee	chips (french fries)
sült burgonya	shewlt boorgawnᵞo	chips (french fries)
rizs	reezh	rice
rizibizi	reezeebeezee	rice mixed with green peas
tészta	taysto	pasta
daragaluska	dorroggollooshko	semolina dumplings
galuska	gollooshko	dumplings
lebbencs	læbbænch	broken pasta
májgombóc	maaygawmbāwts	liver dumplings
nokedli	nawkædlee	noodles
tarhonya	torhawnᵞo	egg barley
zsemlegombóc	zhæmlægawmbawts	white-bread dumplings

Fish   *Halételek*

I'd like some fish.	**Halat szeretnék.**	hollot særæetnayk
What fish do you recommend?	**Milyen halat ajánl?**	mee^yæn hollott oyaanl

csuka	chooko	pike
fogas	fawgosh	a local fish of the pike-perch family
harcsa	horcho	wels
kecsege	kæchægæ	sterlet
nyelvhal	n^yælvhol	sole
pisztráng	peestraang	trout
ponty	pawnt^y	carp
tőkehal	tūrkæhol	cod
tonhal	tawnhol	tunny (tuna)

Fish specialities   *Különleges halételek*

csuka tejfölben sütve
(chooko tæ^yfurlbæn shewtvæ)

pike fried and served with sour cream

fogas fehérbor mártásban
(fawgosh fæhayr bawrmaartaashbon)

fogas in a white-wine sauce

fogasszeletek Gundel módra
(fawgoshsælætæk goondæl māwdro)

slices of *fogas* Gundel style (Gundel was a famous Hungarian restaurateur): breaded fillet of pike

halfatányéros
(holfottaan^yayrawsh)

assorted fish, some breaded or fried, served on a wooden plate, accompanied by tartar sauce

harcsaszelet fűszermártásban
(horchossælæt fēwsæmaartaashbon)

fillet of wels in a spicy sauce doused with white wine

kecsege tejszines paprikás mártásban
(kæchægæ tæ^ysēēnæsh popreekaash maartaashbon)

sterlet in a cream and paprika sauce

paprikás ponty   carp served in a paprika sauce
(**pop**reekaash pawnt^y)

pisztráng tejszín   trout baked in cream
mártásban
(**pees**traang tæ^{y}ssēēn
maartaashbon)

Rác ponty   carp with potatoes and sour cream dressing
(raats pawnt^y)

Other specialities from Hungary's lakes and rivers include:

békacomb gombával   frog's legs with freshwater crab-meat and mush-
és rákkal   rooms
(**bay**kotsawmb **gawm**-
baavol aysh **raak**-kol)

békacomb   frog's legs in a paprika sauce
paprikásan
(**bay**kotsawmb **pop**ree-
kaashon)

rákpörkölt   broiled crab
(**raak**purrkurlt)

Sauces   *Mártások*

The sauces that accompany Hungarian dishes are distinc-
tively flavoured to enhance the pleasures of the palate.
(Contrary to widespread belief, spicy-hot preparations are
not typical of the national cuisine.)

almamártás	**ol**mommaartaash	apple sauce
bakonyi	**bo**kkawn^{y}ee	mushroom sauce
gombamártás	**gawm**bommaartaash	
ecetes torma	**æts**ætæsh **taw**rmo	horse-radish sauce
fehérhagyma mártás	fæhayrhod^{y}mo **maar**taash	onion sauce
fokhagymás mártás	**fawk**hod^{y}maash **maar**tash	garlic sauce
kapormártás	**kop**pawrmaartaash	dill sauce
meggymártás	**mæd**^{y}maartaash	morello sauce
paprikás mártás	**pop**reekaash **maar**taash	paprika sauce
tárkonyos mártás	**taar**kawn^{y}awsh	tarragon sauce
	maartaash	
vadasmártás	**vo**ddoshmaartaash	brown sauce

Meat *Húsételek*

I'd like some ...	... kérek.	... kayræk
beef	**Marhahúst**	morhohōōsht
lamb	**Bárányhúst**	baaraan'hōōsht
pork	**Sertéshúst**	shærtaysh-hōōsht
veal	**Borjúhúst**	bawryōōhōōsht
borda	bawrdo	chop
comb	tsawmb	leg
fasírozott	foshēērawzawt	meatballs
filé	feelay	fillet
kolbászfélék	kawlbaasfaylayk	sausages
lapocka	loppawtsko	shoulder
máj	maaʸ	liver
nyelv	nʸælv	tongue
sonka	shawnko	ham
szalonna	sollawn-no	bacon

baked	**sült**	shewlt
boiled	**főtt**	fūrt
braised	**dinsztelt**	deenstælt
breaded	**rántott**	raantawt
fried	**sült**	shewlt
grilled	**roston sült**	rawshtawn shewlt
roasted	**sült**	shewlt
stewed (quickly)	**főtt**	fūrt
stewed (slowly)	**pörköltnek**	purrkurltnæk
underdone (rare)	**félig átsütve**	fayleeg aatshewtvæ
medium	**közepesen kisütve**	kurzæpæshæn keeshewtvæ
well-done	**jól megsütve**	yāwl mægshewtvæ

Veal *Borjúhús*

bécsi szelet
(baychee sælæt)
"Wiener Schnitzel", breaded veal escalope

borjúpörkölt
(bawryōōpurrkurlt)
a stew composed of veal chunks, onions, tomatoes, pepper rings, seasoned with paprika and garlic

lecsós borjúmáj rántva
(læchāwsh bawryōō-maay raantvo)
breaded veal liver, garnished with a mix of pepper slices, tomatoes, rice, spiced with paprika and garlic

Beef *Marhahús*

alföldi marharostélyos
(**ol**furldee **mor**horrawsh-tay^{Y}awsh)

steak Alföldi style: with a rich sauce and stewed vegetables

cigányrostélyos
(**tsee**gaan^Y-rawshtay^{Y}awsh)

steak gypsy style: with a brown sauce and braised vegetables

csikós tokány
(chee$\overline{kaa}$wsh tawkaan^Y)

strips or chunks of beef braised in a mix of bacon strips or bits, onion rings and sour cream and tomato concentrate

erdélyi tokány
(ærday^{Y}ee tawkaan^Y)

a dish originating in Transylvania: virtually the same as *csikós tokány,* but without the sour cream

hortobágyi rostélyos
(**hawr**tawbaad^{Y}ee rawshtay^{Y}awsh)

steak Hortobágy style: braised in a mix of stock and bacon bits and accompanied by a large semolina dumpling

Pork *Sertéshús*

erdélyi rakottkáposzta
(ærday^{Y}ee rokkawtkaapawsto)

a Transylvanian dish consisting of layers of cabbage interspersed with rice and minced, spiced pork, covered with sour cream and baked in the oven

debreceni fatányéros
(dæbrætsænee fottaan^{Y}ayrawsh)

a Debrecen speciality, prepared only for parties of three or more, usually containing pork chops and choice fillets as well as some veal; garnished with lettuce

rablóhús nyárson
(roblāwhōōsh n^{Y}aarshawn)

alternating pieces of pork, onions, mushrooms, bacon and veal roasted and served on a skewer

tejfölös-gombás sertésborda
(tæ^{Y}furlursh gawmbaash shærtayshbawrdo)

pork chop with mushrooms and sour cream

töltött malac újfalusi módra
(**turl**turt mollots $\overline{oo}^Y$follooshee māwdro)

stuffed suckling-pig Újfalu style: with a mix of spiced minced meat, liver, egg and bread

Game and fowl *Vadételek – Szárnyasok*

I'd like some game. **Vadasat szeretnék.** voddoshot særaætnayk

csirke	**cheer**kæ	chicken
fácán	**faat**saan	pheasant
fogoly	**faw**gaw^y	partridge
galamb	**go**llomb	pigeon
kacsa	**ko**cho	duck
kappan	**kop**-pon	capon
liba	**lee**bo	goose
nyúl	n^yool	rabbit
őz	ūrz	venison
pulyka	**poo**^yko	turkey
vaddisznó	**vod**-deesnāw	wild boar
vadkacsa	**vod**kocho	wild duck
vadliba	**vod**leebo	wild goose

csabai szarvascomb venison stuffed with spicy csabai sausage served
(**chob**boee in a paprika sauce
sorvoshtsawmb)

fácán gesztenyével pheasant with a mushroom and chestnut filling
töltött gombával
(**faat**saan gætæn^y-
ayvæl **turl**turt
gawmbaavol)

paprikás csirke paprika chicken with gnocchi
galuskával
(**pop**reekaash **cheer**kæ
gollooshkaavol)

nyúlszeletek pirí- rabbit with roasted chicken liver
tott szárnyasmájjal
(n^yool**sæ**lætæk
peerēētawt
saarn^yoshmaa^y-yol)

pulykacomb tejfe- turkey cutlet in a mushroom sauce
les gombamártással
(**poo**^ykotsawmb
tæ^yfælæsh **gawm**-
bommaartaash-shol)

vaddisznó boróka- wild boar served in a juniper sauce
mártással
(**vod**-deesnāw
bawrāwkommaartaash-
shol)

Vegetables – Salads   *Főzelékek – Saláták*

Vegetables and salads are served along with the main course, but you may also order them separately.

bab	bob	beans
burgonya	boorgawn^yo	potatoes
cékla	tsayklo	beet(root)
fehérrépa	fæhayr-raypo	turnips
gomba	gawmbo	mushrooms
hagyma	hod^ymo	onions
káposzta	kaapawsto	cabbage
karfiol	korfeeawl	cauliflower
kelbimbó	kælbeembāw	Brussels sprouts
kelkáposzta	kælkaapawsto	savoy
kukorica	kookawreetso	sweetcorn
lencse	lænchæ	lentils
paprika	popreeko	pepper
paradicsom	porroddeechawm	tomatoes
saláta	shollaato	lettuce
sárgarépa	shaargorraypo	carrots
spárga	shpaargo	asparagus
spenót	shpænāwt	spinach
uborka	oobawrko	cucumber
vegyesfőzelék	væd^yæshfūrzælayk	mixed vegetables
zeller	zællær	celery
zöldbab	zurldbob	French beans
zöldborsó	zurldbawrshāw	peas

Herbs and spices   *Fűszerek*

babérlevél	bobbayrlævayl	bay leaf
édeskömény	aydæshkurmayn^y	caraway seeds
fokhagyma	fawkhod^ymo	garlic
kakukkfű	kokkookfēw	thyme
kapor	koppawr	dill
komló	kawmlāw	hops
majoránna	moyawraano	marjoram
paprika	popreeko	paprika
petrezselyem	pætræzhæyæm	parsley
rozmaring	rawzmorreeng	rosemary
sáfrány	shaafraan^y	saffron
szegfűszeg	sækfēwsæg	cloves
szegfűbors	sækfēwbawrsh	allspice
szerecsendió	særæchændeeāw	nutmeg

Fruit *Gyümölcs*

Do you have fresh fruit?	**Van friss gyümölcsük?**	von freesh d**Y**ewmurlchewk
What sort of fruit do you have?	**Milyen gyümölcsük van?**	mee**Y**æn d**Y**ewmurlchewk von
I'd like a fresh-fruit salad.	**Friss gyümölcs-salátát kérek.**	freesh d**Y**ewmurlch-shollaataat kayræk

alma	olmo	apple
áfonya	aafawn**Y**a	blueberries
ananász	onnonnaas	pineapple
banán	bonnaan	banana
citrom	tseetrawm	lemon
császárkörte	chaassaarkurrtæ	type of pear
cseresznye	chæræsn**Y**æ	cherries
datolya	dottaw**Y**o	dates
dió	deeāw	walnuts
egres	ægræsh	gooseberries
eper	æpær	strawberries
fekete cseresznye	fækætæ chæræsn**Y**æ	heart cherries
fekete ribizli	fækætæ reebeezlee	blackcurrants
füge	fewgæ	figs
gesztenye	gæstæn**Y**æ	chestnuts
görögdinnye	gurrurgdeen**Y**æ	water melon
jonatán alma	yawnottaan olmo	Jonathan apple
körte	kurrtæ	pear
málna	maalno	raspberries
mandarin	mondoreen	tangerine
mandula	mondoolo	almonds
meggy	mæd**Y**	sour cherries
mogyoró	mawd**Y**awrāw	hazelnuts
narancs	norronch	orange
őszibarack	ūrseeborrotsk	peach
ribizli	reebeezlee	redcurrants
ringló	reenglāw	greengage
sárgabarack	shaargobborrotsk	apricot
sárgadinnye	shaargoddeen**Y**æ	honeydew melon
starking alma	shtorkeeng olmo	starking apple
szeder	sædær	mulberries/blackberries
szilva	seelvo	plum
szőlő	sūrlūr	grapes

Desserts   *Édességek/Tészták*

The Hungarians have a decidedly sweet tooth and much to offer in the way of desserts.

I'd like a dessert, please.	**Egy adag desszertet kérek.**	ædᵛ oddog dæsærtæt kayræk
Something light, please.	**Valami könnyűt legyen szíves.**	vollommee kurnᵛēwt lædᵛæn sēēvæsh
Nothing more, thank you.	**Köszönöm, többet nem kérek.**	kursurnurm turb-bæt næm kayræk
almás palacsinta	olmaash pollocheento	apple pancake
aranygaluska	orronᵛgollooshko	sweet dumpling
csokoládéfánk	chawkawlaadayfaank	chocolate doughnut
csúsztatott palacsinta	chōōstottawt pollocheento	multi-layer pancake
dobostorta	dawbawshtawrto	caramel-topped chocolate cream cake
gesztenyepüré tejszínhabbal	gæstænᵛæpewray tæᵛssēēnhob-bol	chestnut purée with whipped cream
Gundel palacsinta	goondæl pollocheento	pancake with nut-cream and raisin filling, flambéd
kapros túrós rétes	koprawsh tōōrāwsh raytæsh	curds strudel with dill
kapucineres felfújt	koppootseenæræsh fælfōōᵛt	mocha soufflé
kecskeméti barack-puding	kæchkæmaytee borrotsk-"pudding"	apricot pudding with vanilla cream
képviselőfánk	kaypveeshælūrfaank	cream puff
máglyarakás	maagᵛorrokkaash	apple and jam pudding
mákos rétes	maakawsh raytæsh	poppy-seed strudel
mandula felfújt	mondoolo fælfōōᵛt	almond soufflé
rakott palacsinta	rokkawt pollocheento	multi-layer pancakes with various fillings
somlói galuska	shawmlāwee gollooshko	sweet dumplings made with vanilla, nuts and chocolate, in an orange-and-rum sauce
sült derelye	shewlt dæræᵛæ	fried jam turn-over
szilvás rétes	seelvaash raytæsh	plum strudel
töltött alma	turlturt olmo	apple stuffed with vanilla, raisins and cream

Ice-cream *Fagylaltok*

Ice-cream and parfaits are often available as desserts. In addition, pastry shops and milkbars serve a variety of imaginative ice-based creations, frequently including fruit, cream or fancy cakes. As a dessert, ice-cream is sometimes served with a fresh-fruit salad. Alternatively, it may be flambéd with rum. There will generally be a choice of flavours.

Have you any ice-cream?	**Van fagylaltjuk?**	von **fod**ᵛlolt ᵛook
banán	bonnaan	banana
citrom	tseetrawm	lemon
csokoládé	chawkawlaaday	chocolate
dió	deeāw	walnut
eper	æpær	strawberry
kávé	kaavay	coffee
málna	maalno	raspberry
meggy	maedᵛ	sour cherry
mogyoró	mawdᵛawrāw	hazelnut
narancs	norronch	orange
pisztácia	peestaatsio	pistachio
vanília	vonnēēleeo	vanilla
Could I have it flambéd?	**Kaphatok lángoló fagylaltot?**	kophottawk laangawlāw fodᵛloltawt

Cheese *Sajtok*

Though Hungary produces more than a hundred types of cheese, on the whole they range little in taste. Most are rather bland, but there are some spiced or smoked varieties. Imitation camembert, cheddar, Dutch edam and other foreign cheeses are also available in better restaurants.

Processed cheeses, conveniently packaged in tubes or the familiar individual triangular portions, may be flavoured with pepper, paprika or a variety of vegetable aromas.

I'd like some cheese.	**Sajtot szeretnék**	shoytawt særætnayk
Do you have a cheese-board?	**Milyen sajt van?**	meeᵛæn shoyt von

Wine *Bor*

Most of the wine made in Hungary is white, the most famous being Tokay (*Tokaji*). The volcanic soil of the Tokaj region, in northeast Hungary, has produced wine fit for kings since the Middle Ages. It was the favourite of Catherine the Great and Louis XIV, and was celebrated in poetry by Voltaire and song by Schubert.

Tokay wines come in three different categories: *Tokaji furmint* (dry), *Tokaji szamorodni* (medium sweet) and *Tokaji aszú* (full-bodied, very sweet). Tokay vintages are graded according to excellence on a scale of from 3 to 5 puttonyos or points. *Tokaji aszú* wines compare favourably with madeira or port; they should be drunk at the end of the meal with dessert or on their own.

Less well-known but equally satisfying white wines come from the Lake Balaton region. Look for the prefixes *Badacsonyi, Balatonfüredi* and *Csopaki.* The Roman emperors liked Balaton wines so much they had them shipped to Rome.

The town of Eger has achieved worldwide fame thanks to its Bull's Blood, *Egri bikavér*. Dramatic dark, heavy and powerful, it is one of Hungary's greatest wines.

The Sopron region, which borders Austria, produces one of Hungary's most popular wines, *Soproni kékfrankos.* It is a strong acid wine, that complements rich game stews to perfection.

Villányi burgundi, from the southernmost vineyards in Hungary, is a prized smooth red.

The Mecsek region near Pécs produces two types of dessert wine, *Rizling* and *Furmint.*

Hungarians like to add soda to their wine, it is then called a *fröccs.*

If in doubt about which wine to choose, don't hesitate to ask the waiter for advice.

Type of wine	Examples	Accompanies
sweet white wine	Balatonfüredi szemelt rizling, Csopaki olasz rizling, Akali zöldszilváni, Tokaji aszú, Debrői hárslevelű	desserts and pastry, but also thick soups
light dry white wine	Badacsonyi kéknyelű, Badacsonyi szürkebarát, Badacsonyi zöldszilváni, Egri Leányka, Tokaji furmint, Tokaji szamorodni	fish meals, liver, lighter meat dishes, goulash and other stews, steaks, cold meats, fruit
light-bodied red-wine	Vaskúti kadarka, Villányi burgundi, Villányi kadarka, Egri pinot noir	fish soups, veal, pork, lamb, ham, beef, fowl, game, cheese
full-bodied red-wine	Egri bikavér, Villányi medoc noir, Tihanyi merlot, Soproni kékfrankos	game, duck, cheese
sparkling wine (sweet)	Törley réserve, Pannonia	desserts and fruit
sparkling wine (dry)	Pompadur, Pannonia	fowl, game
sparkling wine (extra dry)	Pannonia dry	light cheese

red	**vörös**	vurrursh
white	**fehér**	fæhayr
dry	**száraz**	saaroz
sweet	**édes**	aydæsh
light	**könnyű**	kurn^yēw
sparkling	**pezsgő**	pæzhgūr

What kind of wine do you have?	**Milyen boruk van?**	meeyæn bawrook von
May I have the wine list, please?	**Az itallapot legyen szíves!**	oz eetolloppawt læd^yæn sēēvæsh

I'd like a bottle of white/red wine.	**Egy üveg fehér/vörös bort kérek.**	æd^y ewvæg fæhayr/vurrursh bawrt kayræk
half a bottle	**fél üveg**	fayl ewvæg
a glass	**egy pohár**	æd^y pawhaar
A bottle of champagne, please.	**Egy üveg pezsgőt kérek.**	æd^y ewvæg pæzhgūrt kayræk
Please bring me another ...	**Kérek még ...**	kayræk mayg

Beer   *Sör*

Hungary is traditionally rather a wine drinking nation, and beer has only become really popular in the past 20 years or so. The best known Hungarian beers are *Kőbányai* and *Dréher*. If you're interested in dark beer, try *Bak*.

Both local beer (which is rather strong) and foreign brands are available, and there is a growing number of Austrian, German and Czech beerhouses springing up in Budapest. Beer may be sold by the bottle or on draught. A glass is called a *pohár,* a pint a *korsó.*

I'd like a bottle of ... beer.	**Egy üveg ... sört kérek.**	æd^y ewvæg ... shurrt kayræk
Austrian	**osztrák**	awstraak
German	**német**	naymæt
Hungarian	**magyar**	mod^yor
Pilsner	**pilzeni**	peelzænee
dark/light	**barna/világos**	borno/veelaagawsh
A *pohár/korsó* of beer, please.	**Egy pohár/korsó sört kérek.**	æd^y pawhaar/kawrshaw shurrt kayræk

---

EGÉSZSÉGÉRE!
(ægaysshaygayræ)
CHEERS!

Other alcoholic drinks   *Egyéb szeszes italok*

All restaurants and drinking places serve spirits by the *féldeci* (half a decilitre, approximately $\frac{1}{10}$ pint). You will find cocktails in hotels and cocktail bars (drinkbár).

I'd like a/ an ...	**Kérek ...**	kayræk
aperitif	**egy aperitifet**	æd^y oppæreeteefæt
cognac	**egy konyakot**	æd^y kawn^yokkawt
gin	**egy gint**	æd^y dzheent
liqueur	**egy likőrt**	æd^y leekūrrt
rum	**egy rumot**	æd^y roomawt
vermouth	**egy vermutot**	æd^y værmootawt
vodka	**egy vodkát**	æd^y vawdkaat
whisky	**egy whiskeyt**	æd^y veeskeet
neat(straight)	**tisztán**	teestaan
on the rocks	**jéggel**	yayggæl
with a little water	**kevés vízzel**	kævaysh vēēz-zæl
Give me a gin and tonic, please.	**Egy gint kérek tonikkal.**	æd^y dzheent kayræk tawneekkawl.
Just a dash of soda, please.	**Csak egy kevés szódával kérem.**	chok æd^y kævaysh sāwdaavol kayræm

For a change, you might like to try one of Hungary's excellent, powerful fruit brandies:

A ... brandy, please.	**Kérek egy féldeci pálinkát.**	kayræk æd^y fayldætsee ... paaleenkaat
apricot	**barack**	borrotsk
cherry	**cseresznye**	chæræsn^yæ
pear	**körte**	kurrtæ
plum	**szilva**	seelvo

A potent concoction you are unlikely to want to order but may be offered is a "Puszta cocktail"—a mixture of apricot brandy, some liqueur and some Tokay wine, chilled and served with a slice of lemon. Treat it with respect!

To round off your meal, try some *Unicum,* a bitter liqueur made from a secret herbal recipe.

Soft drinks *Üdítőital*

Some international soft-drink brands are widely available, along with a variety of fruit juices. Bottled mineral water, usually sparkling, is on sale everywhere.

I'd like some ...	... kérek.	... kayræk
apple juice	**Almalevet**	olmollævæt
apricot juice	**Baracklét**	borrotsklayt
cola	**Kólát**	kāwlaat
fruit juice	**Gyümölcslevet**	d^yewmurlchlævæt
grapefruit juice	**Grapefruitlevet**	"grapefruit" lævæt
lemonade	**Limonádét**	leemawnaadayt
lemon juice	**Citromlét**	tseetrawmlayt
mineral water	**Ásványvizet**	aashvaan^yveezæt
orange juice	**Narancslét**	norronchlayt
raspberry drink	**Málnaszörpöt**	maalnossurrpurt
soda water	**Szódavizet**	sāwdoveezæt
tomato juice	**Paradicsomlét**	porroddeechawmlayt

Coffee and tea *Kávé és tea*

As you come to notice the Hungarians drinking coffee at all hours of the day, you'll be able to believe that the nation's per-capita consumption is one of the world's highest. Coffee is drunk strong (espresso style), black, usually sweet and very hot—though you obviously need not follow the local custom if you prefer your coffee otherwise. At most places, even white breakfast coffee is based on espresso.

Tea in Hungary is generally found rather weak and tasteless by British and American visitors.

I'd like a coffee.	**Egy kávét kérek.**	æd^y kaavayt kayræk
A white coffee, please.	**Egy tejeskávét kérek.**	æd^y tæ^yæshkaavayt kayræk
A cup of tea, please.	**Egy csésze teát kérek.**	æd^y chayssæ tæaat kayræk
Please bring me some ...	... kérem.	... kayræm
cream/milk	**Tejszínnel/Tejjel**	tæ^ysēēnnæl
lemon/sugar	**Citrommal/Cukorral**	tseetrawm-mol/tsookawr-rol

Complaints *Panasz*

There's a plate/ glass missing.	Hiányzik egy tányér/ egy pohár.	heean^{y}zeek æd^y taan^{y}ayr/ æd^y pawhaar
I don't have a knife/ fork/spoon.	Nincs késem/villám/ kanalam.	neench kayshæm/veellaam/ konnollom
That's not what I ordered.	Nem ezt rendeltem.	næm æst rændæltæm
I asked for ...	...kértem.	... kayrtæm
There must be a mistake.	Itt valami félreértés lesz.	eet vollommee faylræyr- taysh læs
May I change this?	Hozna valami mást ehelyett?	hawzno vollommee maasht æhæyæt
I asked for a small portion (for the child).	Kisadagot kértem. (a gyereknek).	keeshoddoggawt kayrtæm (o d^{y}æræknæk)
The meat is ...	A hús ...	o hōōsh ...
overdone	oda van égetve	awdo von aygætvæ
underdone	félig nyers	fayleeg n^{y}ærsh
too rare	nincs eléggé átsütve	neench ælayggay aatshewtvæ
too tough	rágós/kemény	raagāwsh/kæmayn^y
This is too ...	Túl ...	tōōl
bitter/salty/sweet	keserű/sós/ édes	kæshærēw/shāwsh/ aydæsh
I don't like this.	Ez nem ízlik.	æz næm ēēzleek
The food is cold.	Hideg az étel.	heedæg oz aytæl
This isn't fresh.	ez nem friss.	æz næm freesh
What's taking so long?	Mi tart ilyen sokáig?	mee tort eeyæn shawkaaeeg
Have you forgotten our drinks?	Az innivalókat elfelejtette?	oz eenneevollāwkot ælfælætæytætæ
The wine doesn't taste right.	Rossz íze van a bornak.	raws ēēzæ von o bawrnok
This isn't clean.	Ez nem tiszta.	æz næm teesto
Would you ask the head waiter to come over?	Kérem hívja ide a főpincért.	kayræm hēēvyo eedæ o fūrpeentsayrt

The bill (check)   *A számla*

A tip of about 10% for the waiter is expected. Credit cards are generally accepted in all establishments frequented by tourists. Signs are posted indicating which cards are accepted.

I'd like to pay.	**Fizetni szeretnék.**	feezætnee særætnayk
We'd like to pay separately.	**Külön-külön fizetünk.**	kewlurn-kewlurn feezætewnk
I think there's a mistake in this bill.	**Azt hiszem, hibás a számla.**	ost heesæm heebaash o saamlo
What's this amount for?	**Ez mire vonatkozik?**	æz meeræ vawnotkawzeek
Is everything included?	**Ebben minden benne van?**	æbbæn mēēndæn bænnæ von
Do you accept traveller's cheques?	**Traveller's csekket elfogadnak?**	trævællærs chækkæt ælfawgodnok
Can I pay with this credit card?	**Ezzel a hitelkártyával fizethetek?**	æzzæl o heetælkaart^yaavol feezæthætæk
Please round it up to ...	**Kerekítse fel ...-re.**	kærækēētshæ fæl ...-ræ
Keep the change.	**A többi a magáé.**	o turb-bee o moggaa-ay
That was delicious.	**Nagyon finom volt.**	nod^yawn feenawm vawlt
We enjoyed it, thank you.	**Nagyon ízlett, köszönjük.**	nod^yawn ēēzlæt kursurn^y ewk

---

A FELSZOLGÁLÁSI DÍJ AZ ÁRAKBAN BENNFOGLALTATIK
SERVICE INCLUDED

TIPPING, see inside back-cover

Snacks – Picnic   *Gyorsétkezés – Piknik*

For a quick sit-down meal go to a *bisztró, büfé, önkiszol-gáló, tejbár* or *sörbár* (see pp. 33–34). *Lángos* (a large savoury doughnut with cheese, sour cream or garlic) and *palacsinta* (pancakes) are sold at small street stands. They also sell fried chicken *(grill csirke)*, sausages *(hurka, kolbász, főtt virsli)*, fried fish *(sült hal)* or *meleg szendvics,* toasted sandwiches with cheese, ham or mushroom paté.

You can also try cold buffets, salad bars, or you can stick to more familiar tastes like pizzas, hot dogs and hamburgers sold all over Hungary.

I'll have one of those, please.	**Egy ilyet kérek.**	æd^y eeyæt **kayræk**
Give me two of these and one of those.	**Kérek kettőt ebből és egyet abból.**	**kayræk kætturt æbburl** aysh æd^{y}æt obbāwl
to the left/right	**balra/jobbra**	**bolro/jawbro**
above/below	**felette/alatta**	**fælættæ/ollotto**
It's to take away.	**El szeretném vinni.**	æl særætnaym **veennee**
I'd like a/ some ...	**Kérnék ...**	**kayrnayk**
chicken	**csirkét**	**cheerkayt**
half a roasted chicken	**egy fél grill csirkét**	æd^y fayl greel **cheerkayt**
chips (french fries)	**hasábburgonyát/sült krumplit**	hoshaabboorgawn^{y}aat/ shewlt **kroompleet**
frankfurters	**egy pár virslit**	æd^y paar **veershleet**
fried eggs	**tükörtojást**	tewkurrtawyaasht
fried fish	**sült halat**	shewlt **hollot**
fried sausages	**sült kolbászt**	shewlt **kawlbaast**
ham sandwich	**sonkás szendvicset**	shawnkaash **sændveechæt**
ice-cream	**fagylaltot**	fod^{y}loltawt
pancakes	**palacsintát**	pollocheentaat
salad	**salátát**	shollaataat
salami sandwich	**szalámis szendvicset**	sollaameesh **sændveechæt**
sandwich	**egy szendvicset**	æd^y **sændveechæt**
scrambled eggs	**rántottát**	raantawttaat
sweetcorn	**kukoricát**	kookawreetsaat
toasted sandwich	**melegszendvicset**	mælægsændveechæt

Here's a basic list of food and drink that might come in useful when shopping for a picnic.

apples	alma	olmo
bacon	szalonna	sollawnno
beer	sör	shurr
biscuits	keksz, sütemény	kæks shewtæmayn^y
bread	kenyér	kæn^{y}ayr
butter	vaj	voy
cake	sütemény, torta	shewtæmayn^y tawrto
cheese	sajt	shoyt
chocolate bar	egy tábla csokoládé	æd^y taablo chawkawlaaday
coffee	kávé	kaavay
cold cuts	hideg sült hús	heedæg shewlt hōōsh
cookies	keksz	kæks
crackers	sós keksz	shāwsh kæks
eggs	tojás	tawyaash
fruit	gyümölcs	d^{y}ewmurlch
fruit juice	gyümölcslé	d^{y}ewmurlchlay
gherkins	uborka	oobawrko
grapes	szőlő	sūrlūr
ham	sonka	shawnko
ice-cream	fagylalt	fod^{y}lolt
lemon	citrom	tseetrawm
milk	tej	tæy
mineral water	ásványvíz	aashvaan^{y}vēēz
mustard	mustár	mooshtaar
oranges	narancs	norronch
pastries	sütemény	shewtæmayn^y
pepper	bors	bawrsh
roll	zsemle	zhæmlæ
salt	só	shāw
sausage	virsli	veershlee
soft drink	üdítő	ewdeetūr
sugar	cukor	tsookawr
tea	tea	tæo
wine	bor	bawr
yoghurt	joghurt	yawghoort

Travelling around

Plane *Repülőgép*

Is there a direct flight to London?	**Van közvetlen járat Londonba?**	von **kurz**vætlæn **yaa**rot **lawn**dawnbo
When's the next flight to New York?	**Mikor indul a következő járat New Yorkba?**	**mee**kawr **een**dool o **kur**vætkæzur **yaa**rot **nyoo**yawrkbo
Is there a connection to ...?	**Van átszállás ... felé?**	von **aat**saal-laash ... **fæ**lay
I'd like a ticket to London.	**Londonba kérek egy jegyet.**	**lawn**dawnbo **kay**ræk æd**y** **yæd**y**æt**
single (one-way)	**csak oda**	chok **aw**do
return (round trip)	**oda-vissza**	**aw**do-**vees**-so
business class	**business osztálya**	**beez**nees **aws**taayro
aisle seat	**a szárny fölé**	o **saarn**y **fur**lay
window seat	**az ablak mellé**	oz **ob**lok **mæl**-lay
What time do we take off?	**Mikor indulunk?**	**mee**kawr **een**dooloonk
What time should I check in?	**Mikor kell bejelent-keznem?**	**mee**kawr kæl **bæ**y**æ**lænt**kæz**næm
Is there a bus to the airport?	**Van buszjárat a repülőtérre?**	von **boos**yaarot o **ræ**pewlurtayræ
What's the flight number?	**Mi a járat száma?**	mee o **yaa**rot **saa**mo
What time do we arrive?	**Mikor érkezünk meg?**	**mee**kawr **ayr**kæzewnk mæg
I'd like to ... my reservation.	**Szeretném ... a jegyfoglalásomat.**	**sæ**rætnaym ... o **yæd**y**faw**glollaashawmot
cancel	**töröltetni**	**tur**rurltætnee
change	**megváltoztatni**	**mæg**vaaltawstotnee
confirm	**megerősíteni**	**mæg**gærurshēētænee

ÉRKEZÉS	**INDULÁS**
ARRIVAL	DEPARTURE

Train *Vonat*

The Hungarian State Railways have a well-developed rail network, and provide a good service at a reasonable price. First-class compartments are comfortable, second-class compartments are adequate but not always as clean as they might be. They are also likely to be crowded and noisy. Trains are punctual and international connections are fairly good.

Tickets can be purchased from railway stations and travel agencies. There is a variety of reduced fares, such as student tickets or tourist passes. Inter-Rail cards and Eurailpasses are valid in Hungary.

The three main railway stations in Budapest are: *Nyugati* (Western), *Déli* (Southern) and *Keleti* (Eastern). Some staff speak a little English or German.

Types of train

Nemzetközi gyorsvonat
(næmzætkurzee dᵞawrshvawnot)
International express, advance reservation is advisable.

Gyorsvonat
(dᵞawrshvawnot)
Long-distance express stopping only at main stations.

Személyvonat
(sæmayᵛvawnot)
Slow train stopping at all stations.

Helyiérdekű/HÉV
(hæᵛeeayrdækew/hayv)
Surburban train, painted green, often integrated into the municipal public transport system.

Étkezőkocsi
(aytkæzūrkawchee)
dining car

Hálókocsi
(haalāwkawchee)
sleeping car

To the railway station *A pályaudvarhoz*

| Where's the railway station? | **Merre van a pályaudvar?** | mær-ræ von o paaᵞo-oodvor |
| Taxi! | **Taxi!** | toxee* |

Take me to the ... railway station, please.	Vigyen kérem a ... pályaudvarra.	veed^yæn kayræm o ... paa^yo-oodvor-ro
Eastern*	Keleti	kælætee
Southern*	Déli	daylee
Western*	Nyugati	n^yoogottee
What's the fare?	Mennyi a viteldíj?	mæn^yee o veetældēēy

BEJÁRAT	ENTRANCE
KIJÁRAT	EXIT
A VÁGÁNYOKHOZ	TO THE PLATFORMS
INFORMÁCIÓ	INFORMATION

Where's the ...? *Hol van ...?*

Where is/are (the) ...?	Hol van/vannak ...?	hawl von/**von**-nok
bar	a büfé	o **bew**fay
booking office	a jegyiroda	o **yæd^yee**rawdo
currency exchange office	valutaváltás	**vol**lootovaaltaash
left-luggage office (baggage check)	a poggyászmegőrző	o **pawd^y**aasmægū̄rzū̄r
lost property (lost and found) office	a talált tárgyak irodája	o **tol**laalt taard^yok **ee**rawdaa^yo
luggage lockers	a poggyászmegőrző	o **pawd^y**aasmægū̄rzū̄r
newsstand	az újságos	oz **ōō**yshaagawsh
platform 7	a hetedik vágány	o **hæt**ædeek **vaa**gaan^y
reservations office	a helyjegy pénztár	o **hæy**-yæd^y **payn**staar
restaurant	az étterem	oz **ayt**-tæræm
snack bar	a büfé	o **bew**fay
ticket office	a jegypénztárak	o **yæd^ypayn**staarok
waiting room	a váróterem	o **vaar**āw̄tæræm
Where are the toilets?	Merre van a W.C.?	mær-ræ von o **vay**tsay

---

* Budapest's railway stations

TAXI, see page 21

Inquiries *Információ*

When is the ... train to Budapest?	**Mikor indul ... vonat Budapestre*?**	meekawr eendool ... vawnot boodoppæshtræ
first/last/next	**az első/az utolsó/ a következő**	oz ælshūr/oz ootawlshāw/ o kurvætkæzūr
What time does the train to Szeged leave?	**Mikor indul a vonat Szegedre*?**	meekawr eendool o vawnot sægædræ
How much is a ticket to Siófok?	**Mennyibe kerül a jegy Siófokra*?**	mænYeebæ kærewl o yædY sheeāwfawkro
Is it a through train?	**Gyorsvonat?**	dYawrshvawnot
Is there a connection to ...?	**Van átszállás ... felé?**	von aatsaal-laash ... fælay
Do I have to change trains?	**Át kell szállnom?**	aat kæl saalnawm
Is there enough time to change?	**Van elég idő az átszállásra?**	von ælayg eedūr oz aatsaal-laashro
Is the train running on time?	**Időben vagyunk?**	eedūrbæn vodYoonk
What time does the train arrive in Eger?	**Mikor ér a vonat Egerbe*?**	meekawr ayr o vawnot ægærbæ
Is there a dining car/sleeping car on the train?	**Van étkezőkocsi/ hálókocsi a vonaton?**	von aytkæzūrkawchee/ haalāwkawchee o vawnotttawn
Does the train stop in Sopron?	**Megáll a vonat Sopronban?**	mægaal o vawnot shawprawnbon
Which platform does the train to Hévíz leave from?	**Melyik vágányról indul a vonat Hévízre?**	mæYeek vaagaanYrawl eendool o vawnot hayvēēzræ
Which platform does the train from ... arrive at?	**Melyik vágányra érkezik a vonat ...-ból?**	mæYeek vaagaanYro ayrkæzeek o vawnot ...-bāwl
I'd like a timetable.	**Egy menetrendet kérek.**	ædY mænætrændæt kayræk

*The word ''to'' can be translated by a number of different suffixes, including -ra/ -re/-ba/-be, depending on the word it accompanies.

Gyorsvonat.	It's a through train.
Pécsnél át kell szállnia.	You have to change at Pécs.
Miskolcnál szálljon át egy helyi vonatra.	Change at Miskolc and get a local train.
A 7. vágány ... van.	Platform 7 is ...
ott/fent	over there/upstairs
balra/jobbra	on the left/on the right
... órakor van egy vonat Budapestre.	There's a train to Budapest at ...
A 8. vágányról indul a vonata.	Your train will leave from platform 8.
... percet késik.	It's running ... minutes late.

Tickets   *Jegy*

I'd like a ticket to ...	**...-ba/-be kérek egy jegyet.**	...-bo/-bæ kayræk ædᵛ yædᵛæt
single (one-way)	**csak oda**	chok awdo
return (round trip)	**oda-vissza**	awdo-vees-so
first/second class	**első/másodosztályra**	ælshūr/maashawdawstaayro
half price	**félárú jegyet**	faylaaroo yædᵛæt

Reservation   *Helyfoglalás*

I'd like to reserve a seat (by the window).	**Helyjegyet szeretnék váltani (ablak mellé).**	hæy-yædᵛæt særætnayk vaaltonnee (oblok mællay)
I'd like to reserve a ...	**Szeretnék ... foglalni.**	særætnayk ... fawglolnee
berth	**kusettet**	kooshætæt
upper	**felső ágyat**	fælshūr aadᵛot
middle	**középső ágyat**	kurzaypshūr aadᵛot
lower	**alsó ágyat**	olshāw aadᵛot
berth in the sleeping car	**hálókocsi helyet**	haalāwkawchee hæᵛæt

All aboard *Beszállás*

Is this the right platform for the train to Vienna?	Erről a vágányról indul a vonat Bécs felé?	ær-rūrl o vaagaan^Yrāwl eendool o vawnot baych fælay
Is this the train to Lake Balaton?	Ez a vonat megy a Balatonra?	æz o vawnot mæd^Y o bollotawnro
Excuse me. Could I get past?	Elnayzésht, átengedne?	ælnayzaysht aatængædnæ
Is this seat taken?	Foglalt ez a hely?	fawglolt æz o hæ^Y

DOHÁNYZÓ	NEMDOHÁNYZÓ
SMOKER	NONSMOKER

I think that's my seat.	Azt hiszem ez az én helyem.	ost heesæm æz oz ayn hæ^Yæm
Would you let me know before we get to Szentendre?	Szólna mielőtt Szentendrére érkezünk?	sāwlno meeælūrt sæntændrayræ ayrkæzewnk
What station is this?	Ez milyen állomás?	æz mee^Yæn aalawmaash
How long does the train stop here?	Mennyi ideig áll itt a vonat?	mæn^Yee eedæeeg aal eet o vawnot
When do we arrive in Budapest?	Mikor érkezünk Budapestre?	meekawr ayrkæzewnk boodoppæshtræ

Sleeping car *Hálókocsi*

Are there any free compartments in the sleeping car?	Van még szabad fülke a hálókocsiban?	von mayg sobbod fewlkæ o haalāwkawcheebon
Where's the sleeping car?	Merre van a háló-kocsi?	mær-ræ von o haalāw-kawchee
Where's my berth?	Melyik az én ágyam?	mæ^Yeek oz ayn aad^Yom

I'd like a lower berth.	**Alsó ágyat szeretnék.**	olshāw aad^yot særætnayk
Would you make up our berths?	**Megcsinálná az ágyakat?**	mægcheenaalnaa oz aad^yokkot
Would you wake me at 7 o'clock?	**Kérem, ébresszen fel 7 órakor.**	kayræm aybræs-sæn fæl 7 āwrokkawr

Eating *Étkezőkocsi*

Dining cars with full table service run only on international trains between Budapest and Vienna. On inland main lines self-service buffet cars *(büfé)* serve sandwiches, sausages, cakes, coffee, and drinks.

| Where's the dining car? | **Merre van az étkező-kocsi?** | mær-ræ von oz aytkæzūr-kawchee |

Baggage and Porters *Poggyász-Hordár*

Porter!	**Hordár!**	hawrdaar
Can you help me with my luggage?	**Kérem, segítsen vinni a csomagomat.**	kayræm shægēētshæn veen-nee o chawmoggawmot
Where are the luggage trolleys (carts)?	**Hol vannak a poggyászkocsik?**	hawl von-nok o pawd^yaaskawcheek
Where are the luggage lockers?	**Hol van az automata poggyászmegőrző?**	hawl von oz outawmoto pawd^yaasmægūrzūr
Where's the left-luggage office (baggage check)?	**Hol van a poggyász-megőrző?**	hawl von o pawd^yaas-mægūrzūr
I'd like to leave my luggage, please.	**Szeretném itt hagyni a csomagomat.**	særætnaym eet hod^ynee o chawmoggawmot
I'd like to register (check) my luggage.	**Szeretném feladni a csomagomat.**	særætnaym fælodnee o chawmoggawmot

---

POGGYÁSZFELVÉTEL
REGISTERING (CHECKING) BAGGAGE

PORTERS, see also page 18

Coach (long-distance bus) *Távolsági busz*

Hungary has an extensive intercity coach network covering the whole country. Tickets are fairly inexpensive. Coaches are generally painted yellow.

When's the next coach to Esztergom?	**Mikor indul a következő busz Esztergomba?**	meekawr eendool o kurvætkæzur boos æstærgawmbo
Does this coach stop at Szentendre?	**Megáll ez a busz Szentendrén?**	mægaal æz o boos sæntændrayn
How long does the journey (trip) take?	**Mennyi ideig tart az utazás?**	mæn^yee eedæeeg tort oz ootozzaash

Note: Most of the phrases on the previous pages can be used or adapted for travelling on local transport.

Bus-Tram (streetcar) *Autóbusz-Villamos*

Larger towns have well-organized public transport services consisting of bus, trolleybus, tram (streetcar) and suburban train networks.

Budapest has an extensive underground (subway) system as well.

If you are planning on doing a lot of travelling in one city, it's worth buying a day ticket (napijegy). Single tickets are not transferable and must be bought in advance and validated in punch clocks aboard vehicles and at underground station entrances.

I'd like a day ticket.	**Egy napijegyet kérek.**	æd^y noppeeyæd^yæt kayræk
Which tram (streetcar) goes to the town centre?	**Melyik villamos megy a városközpontba?**	mæ^yeek veel-lommawsh mæd^y o vaarawshkurs-pawntbo
Where can I get a bus to the opera?	**Honnan indul a busz az Opera felé?**	hawn-non eendool o boos oz awpæro fælay
Which bus do I take to the Southern railway station?	**Melyik busz megy a Déli pályaudvarra?**	mæ^yeek boos mæd^y o daylee paa^yo-oodvor-ro
Where's the bus stop?	**Hol a buszmegálló?**	hawl o boosmægaal-law

When is the ... bus to ...?	Mikor indul ... busz ... felé?	meekawr eendool ... boos ... fælay
first/last/next	az első/az utolsó/ a következő	oz ælshūr/ oz ootawlshāw/ o kurvætkæzūr
Do I have to change buses?	Át kell szállnom?	aat kæl saalnawm
How many bus stops are there to ...?	Hány megállót kell menni ...-ig?	haanʸ mægaal-lāwt kæl mæn-nee ...-eeg
Will you tell me when to get off?	Szólna mikor kell leszállnom?	sāwlno meekawr kæl læsaalnawm
I'd like to get off at the Opera.	Az Operánál sze-retnék leszállni.	oz awpæraanaal særætnayk læsaalnee

---

BUSZMEGÁLLÓ
BUS STOP

Underground (subway) *Metró*

Although the first underground (subway) on the European continent was built in Budapest, large-scale construction only started in the 1950s. There are now three lines in operation.

Where's the nearest underground station?	Hol van a legköze-lebbi metróállomás?	hawl von o lægkurzælæbee mætrāwaal-lawmaash
Does this train go to ...?	Ez a szerelvény ... felé megy?	æz o særælvaynʸ ... fælay mædʸ
Where do I change for ...?	Hol kell átszállnom ... felé?	hawl kæl aatsaalnawm ... fælay
Is the next station ...?	A következő állomás ...?	o kurvætkæzūr aallawmaash ...?
Which line should I take to ...?	Melyik metró megy ... felé?	mæʸeek mætrāw mædʸ ... fælay

Boat service   *Hajó*

For a change of pace and perspective, you might like to take
a ride on one of the passenger boats that cruise up and down
the Danube and Tisza all year round. During summer season
you can enjoy a relaxing trip round Lake Balaton. From
May to September there is a daily hydrofoil service on the
Danube between Budapest and Vienna which takes about
five hours.

When does the next boat for Vienna leave?	**Mikor indul a következő hajó Bécsbe?**	meekawr eendool o kurvætkæzūr hoyaw baychbæ
Where's the embarkation point?	**Hol a hajóállomás?**	hawl o hoyāwaallawmaash
How long does the crossing take?	**Mennyi ideig tart az átkelés?**	mæn^yee eedæeeg tort oz aatkælaysh
Which port(s) do we stop at?	**Milyen állomásoknál állunk meg?**	mee^yæn aal-lawmaashawknaal aal-loonk mæg
I'd like to take a boat trip on the Danube.	**Dunai hajókirándulásra szeretnék menni.**	doonoy hoyāwkeeraandoolaashro særætnayk mænee

boat	**hajó**	hoyāw
cabin	**kabin**	kobbeen
single	**egyágyas**	æd^yaad^yosh
double	**kétágyas**	kaytaad^yosh
deck	**fedélzet**	fædaylzæt
ferry	**komp**	kawmp
life belt	**mentőöv**	mæntūr-urv
life boat	**mentőcsónak**	mæntūrchawnok
ship	**hajó**	hoyaw

Other means of transport   *Egyéb közlekedési eszközök*

bicycle	**kerékpár**	kæraykpaar
helicopter	**helikopter**	hæleekawptær
moped	**moped**	mawpæd
motorbike/scooter	**motorkerékpár/ robogó**	mawtawrkæraykpaar/ rawbawgāw

Or perhaps you prefer:

to hitchhike	**stoppolni**	shtawpawlnee
to walk	**gyalogolni**	d^yollawgawlnee

Car *Gépkocsi/Autó*

Hungary's motorways (expressways) are well maintained and toll-free. Emergency telephones are located every two kilometres (about 1.25 miles) along these roads. Other roads are well maintained but those in the countryside are not very wide.

Traffic regulations are generally the same as in other countries on the European continent; seat belts are obligatory.

Where's the nearest filling station?	**Hol a legközelebbi benzinkút?**	hawl o lægkurzælæb-bee bænzeenkōōt
Fill it up, please.	**Tele kérem.**	tælæ kayræm
Give me ... litres of petrol (gasoline).	**... liter benzint kérek.**	... leetær bænzeent kayræk
super (premium)	**szuper**	soopær
regular	**normál**	nawrmaal
unleaded	**ólommentes**	āwlawm-mæntæsh
diesel	**diesel**	deezæl
Please check the ...	**Kérem ellenőrizze ...**	kayræm æl-lænūūreez-zæ
battery	**az akkumulátort**	oz okkoomoolaatawrt
brake fluid	**a fékolajat**	o faykawloyot
oil	**az olajszintet**	oz awloyseentæt
water	**a hűtővizet**	o hēwtūrveezæt
Would you check the tyre pressure?	**Kérem ellenőrizze a gumikat.**	kayræm æl-lænūūreezæ o goomeekot
1.6 front, 1.8 rear.	**1,6 elöl, 1,8 hátul.**	ædy ægays hot ælurl ædy ægays nyawlts haatool
Please check the spare tyre, too.	**Kérem ellenőrizze a tartalékgumit is.**	kayræm æl-lænūūreez-zæ o tortollaykgoomeet eesh
Can you mend this puncture (fix this flat)?	**Meg tudná javítani ezt a defektes gumit?**	mæg toodnaa yovvēētonnee est o dæfæktæsh goomeet
Would you change the ... please?	**Kérem cserélje ki ...**	kayræm chæræylyæ kee
bulb	**az izzót**	oz eez-zāwt
fan belt	**az ékszíjat**	oz ayksēēyot

CAR HIRE, see page 20

spark(ing) plugs	**a gyújtógyertyát**	o dooytawd^yaert^yaat
tyre	**a gumit**	o goomeet
wipers	**az ablaktörlőket**	oz oblokturrlurkæt
Would you clean the windscreen (windshield)?	**Lemosná a szélvédőt?**	læmawshnaa o **sayl**vaydürt
Could you wash my car?	**Lemosná a kocsimat?**	læmawshnaa o **kaw**cheemot

Asking the way   Útbaigazítás

Can you tell me the way to ...?	**Elmagyarázná az utat ...-ba/-be?**	ælmod^yorraaznaa oz **oo**tot ...-bo/-bæ
In which direction is ...?	**Melyik irányban van ...?**	mæ^yeek eeraan^ybon von
How do I get to ...?	**Hogy jutok el ... -ba/-be?**	hawd^y **yoo**tawk æl ... -bo/-bæ
Are we on the right road for ...?	**Ez az út vezet ... -ba/-be?**	æz oz oot væzæt ... -bo/-bæ
How far is the next village?	**Milyen messze van a következő falu?**	mee^yæn **mæs**-sæ von o kurvætkæzur folloo
How far is it to ... from here?	**Milyen messze van ...?**	mee^yæn **mæs**-sæ von
Is there a motorway (expressway)?	**Vezet arrafelé autópálya?**	væzæt orrofælay o-ootawpaa^yo
How long does it take by car/on foot?	**Mennyire van innen autóval/gyalog?**	mæn^yeeræ von **een**-næn o-ootawvol/d^yollawg
Can I drive to the centre of town?	**Be lehet hajtani autóval a városközpontba?**	bæ læhæt **hoy**tonnee o-ootawvol o **vaa**rawshkurz-pawntbo?
Is traffic allowed in the town centre?	**Szabad autóval közlekedni a belvárosban?**	sobbod o-ootawvol **kurz**læ-kædnee o **bæl**vaarawshbon
Can you tell me where ... is?	**Meg tudná mondani hol van ...?**	mæg **tood**naa **mawn**donnee hawl von
How can I find this place/address?	**Hogy jutok el erre a helyre/címre?**	hawd^y **yoo**tawk æl ær-ræ a **hæy**ræ/**tsee**mræ
Where's this?	**Hol van ez?**	hawl von æz
Can you show me on the map where I am?	**Megmutatná a térképen hogy hol vagyok?**	mægmoototnaa o **tayr**kaypæn hawd^y hawl vod^yawk

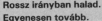

Rossz irányban halad.	You're on the wrong road.
Egyenesen tovább.	Go straight ahead.
Arra lefelé van balra/jobbra.	It's down there on the left/right.
... szemben/mögött ... mellett/után	opposite/behind ... next to/after ...
észak/dél kelet/nyugat	north/south east/west
Menjen at első/második keresztútig.	Go to the first/second crossroads (intersection).
Forduljon balra a jelzőlámpánál.	Turn left at the traffic lights.
Forduljon jobbra a következő sarkon.	Turn right at the next corner.
Menjen ... úton.	Take the ... road.
Egyirányú utca.	It's a one-way street.
Vissza kell mennie ...	You have to go back to ...
Kövesse a táblákat ... felé.	Follow signs for ...

Parking *Parkolás*

Much of central Budapest is closed to traffic except for vehicles displaying a special permit. Elsewhere in urban areas, there are parking meters, or in car parks you may be approached by an attendant for a fee.

Where can I park?	Hol parkolhatok?	hawl **por**kawlhottawk
Is there a car park nearby?	Van a közelben parkoló?	von o **kur**zælbæn **por**kawlaw
May I park here?	Parkolhatok itt?	**por**kawlhottawk eet
How long can I park here?	Mennyi ideig parkolhatok itt?	**mæn**Yee eedæ-eeg **por**kawlhottawk eet
What's the charge per hour?	Mennyibe kerül óránként?	**mæn**Yeebæ kærewl **aw**raankaynt
Do you have some change for the parking meter?	Van aprója a parkolóórába?	von **op**rawyo o **por**kawlaw-awraabo

Breakdown—Road assistance   *Defekt—Autómentő*

Where's the nearest garage?	**Hol a legközelebbi autójavító műhely?**	hawl o lægkurzælæb-bee o-ootāwyovveetaw mēwhæy
My car has broken down.	**Elromlott a kocsim.**	ælrawmlawt o kawcheem
May I use your phone?	**Használhatom a telefonját?**	hosnaalhottawm o tælæfawnyaat
I've had a breakdown at ...	**...-nál/-nél elromlott a kocsim.**	...-naal/-nayl elrawmlawt o kawcheem
Can you send a mechanic?	**Tudna küldeni egy szerelőt?**	toodno kewldænee ædy særælūrt
My car won't start.	**Nem indul be a kocsim.**	næm eendool bæ o kawcheem
The battery is dead.	**Kimerült az akku.**	keemærewlt oz okkoo
I've run out of petrol (gasoline).	**Elfogyott a benzinem.**	ælfawdyawt o bænzeenæm
I have a flat tyre.	**Defektes a gumi.**	dæfæktæsh o goomee
The engine is overheating.	**Túlforrósodik a motor.**	tōōlfawrāwshawdeek o mawtawr
There's something wrong with the ...	**Valami nincs rendben ...**	vollommee neench rændbæn
brakes	**a fékkel**	o fayk-kæl
carburettor	**a karburátorral**	o korbooraatawr-rol
exhaust pipe	**a kipuffogóval**	o keepoof-fawgāwvol
radiator	**a hűtővel**	o hēwtūrvæl
wheel	**a kerékkel**	o kæraykæl
Can you send a breakdown van (tow truck)?	**Tudna küldeni egy szervízkocsit?**	toodno kewldænee ædy særvēēzkawcheet
How long will you be?	**Meddig tart?**	mæd-deeg tort
Can you give me an estimate?	**Körülbelül mennyibe fog kerülni?**	kurrewlbælæwl mænyeebæ fawg kærewlnee

Accident—Police   *Baleset—Rendőrség*

| Please call the police. | **Kérem, hívja a rendőrséget.** | kayræm hēēvyo o rændūrshaygæt |

There's been an accident. It's about 2 km. from ...	Baleset történt. ...-tól/-től kb. 2 km-re.	bollæshæt turrtaynt ...-tawl/-tūrl kaabay kayt keelawmaytær-ræ
Where's there a telephone?	Hol találok telefont?	hawl tollaalawk tælæfawnt
Call a doctor/an ambulance quickly.	Hívjon orvost/ mentőket gyorsan.	heevyawn awrvawsht/ mæntūrkæt dʸawrshon
There are people injured.	Sérülés történt.	shayrewlaysh turrtaynt
Here's my driving licence.	Tessék a jogosít-ványom.	tæsh-shayk o yawgawsheet-vaanyawm
What's your name and address?	Mi a neve és lakcíme?	mee o nævæ aysh loktseemæ
What's your insurance company?	Mi a biztosítója neve?	mee o beestawsheetawyo nævæ

Road signs *Közlekedési táblák*

ÁTMENŐ FORGALOM	Through traffic
BEHAJTANI TILOS	No entry
EGYIRÁNYÚ UTCA	One-way street
ELŐZNI TILOS	No overtaking
ELSŐBBSÉGADÁS KÖTELEZŐ	Give way
ELSŐSEGÉLYNYÚJTÁS	First aid
FORGALOMELTERELÉS	Diversion
GÉPJÁRMŰVEL BEHAJTANI TILOS	No traffic allowed
GYALOGÁTKELŐHELY	Pedestrian crossing
ISKOLA	School
JOBBRA TARTS	Keep right
KŐOMLÁS	Falling rocks
KÖRFORGALOM	Roundabout
LASSÍTS	Slow down
MAGASFESZÜLTSÉG	High-tension cable
MEGÁLLNI TILOS	No stopping
RENDŐRSÉG	Police
TILOS A PARKOLÁS	No parking
ÚTÉPÍTÉS	Road works ahead
VÁM	Customs
VASÚTI ÁTJÁRÓ	Level crossing
VESZÉLY	Danger
VESZÉLYES KANYAR	Dangerous bend
VIGYÁZAT	Attention
ZSÁKUTCA	Cul-de-sac

Sightseeing

Where's the tourist office?	**Hol van az utazási iroda?**	hawl von oz **oo**tozaashee **ee**rawdo
What are the main points of interest?	**Mik a legfontosabb látnivalók?**	meek o læg**faw**ntawshob laatneevoll$\overline{aw}$k
We're here for ...	**... maradunk.**	... **mo**rroddoonk
only a few hours	**Csak néhány óráig**	chok **na**yhaan^y $\overline{aw}$raaeeg
a day	**Egy napig**	æd^y **no**ppeeg
a week	**Egy hétig**	æd^y **ha**yteeg
Can you recommend a sightseeing tour/ an excursion?	**Tudna ajánlani egy városnéző körutat/ egy kirándulást?**	**tood**no oyaanlonnee æd^y vaarawshnayz$\overline{ur}$ **ku**rrootot/ æd^y **kee**raandoolaasht
Where do we leave from?	**Honnan indulunk?**	**hawn**-non eendoo**loo**nk
Will the bus pick us up at the hotel?	**A busz a szállodánál vesz fel bennünket?**	o boos o **saal**-lawdaanaal væs fæl **bæ**newnkæt
How much does the tour cost?	**Mennyibe kerül a városnézés?**	mæn^{y}ebbæ **kæ**rewl o vaarawshnay**za**ysh
What time does the tour start?	**Mikor kezdődik a városnézés?**	meekawr kæzd$\overline{ur}$deek o vaarawshnay**za**ysh
Is lunch included?	**Az ebéd is benne van?**	oz **æ**bayd eesh bæn-næ von
What time do we get back?	**Mikor érünk vissza?**	meekawr **a**yrewnk **vee**s-so
Do we have free time in ...?	**Lesz szabad időnk ...-ban/-ben?**	læs **so**bbod eed$\overline{ur}$nk ...-bon/-bæn
Is there an English-speaking guide?	**Van angolul beszélő idegenvezető?**	von **o**ngawlool bæsayl$\overline{ur}$ **ee**dægænvæzæt$\overline{ur}$
I'd like to hire a private guide for ...	**Szeretnék külön idegenvezetőt ...**	særætnayl **ke**wlurn **ee**dægænvæzæt$\overline{ur}$t
half a day	**fél napra**	fayl **no**pro
a day	**egy napra**	æd^y **no**pro
I'd like to see the ...	**Szeretném látni ...**	særætnaym **laa**tnee

Where is/Where are the ...?	Hol van/vannak ...?	hawl von/**von**-nok
abbey	az apátság	oz **opp**aatshaag
art gallery	a galéria	o **go**llayreeo
artists' quarter	a művésznegyed	o mē̄w**vays**nædʸæd
botanical gardens	a botanikus kert	o **baw**tonneekoosh kært
building	az épület	oz **ay**pewlæt
business district	az üzleti negyed	oz **ewz**lætee nædʸæd
castle	a vár	o vaar
catacombs	a katakombák	o **kot**tokawmbaak
cathedral	a katedrális	o **kot**tædraaleesh
cave	a barlang	o **bor**long
cemetery	a temető	o **tæ**mætūr
city centre	a városközpont	o **vaa**rawshkurzpawnt
chapel	a kápolna	o **kaa**pawlno
church	a templom	o **tæm**plawm
concert hall	a koncertterem	o **kawnt**sært-tæræm
convent	a kolostor	o **kaw**lawshtawr
court house	a bíróság	o **bēē**rawshaag
downtown area	a belváros	o **bæl**vaarawsh
embankment	a folyópart	o **faw**yāwport
exhibition	a kiállítás	o **kee**aallēētaash
factory	a gyár	o dʸaar
fair	a vásár	o **vaa**shaar
flea market	a bolhapiac	o **bawl**hoppeeots
fortress	az erőd	oz **æ**rūrd
fountain	a szökőkút	o **sur**kūrkoot
gardens	a park	o pork
harbour	a kikötő	o **kee**kurtūr
lake	a tó	o tāw
library	a könyvtár	o **kurn**ʸvtaar
market	a piac	o **pee**ots
memorial	az emlékmű	oz **æm**laykmēw
monastery	a kolostor	o **kaw**lawshtawr
monument	az emlékmű	oz **æm**laykmēw
museum	a múzeum	o **mōō**zæoom
old town	a régi városnegyed	o **ray**ghee vaarawshnædʸæd
opera house	az opera	oz **aw**pæro
palace	a palota	o **po**llawto
park	a park	o pork
parliament building	a parlament	o **por**lommænt
planetarium	a planetárium	o **plon**nætaareeoom
royal palace	a királyi palota	o **kee**raaʸee pollawto
ruins	a romok	o **raw**mawk
shopping area	a vásárló negyed	o **vaa**shaarlāw nædʸæd
square	a tér	o tayr

stadium	**a stadion**	o shtoddeeawn
statue	**a szobor**	o sawbawr
theatre	**a színház**	o seenhaaz
tomb	**a sír**	o sheer
tower	**a torony**	o tawrawn^y
town (city) hall	**a városháza**	o vaarawsh-haazo
university	**az egyetem**	oz æd^yætæm
zoo	**az állatkert**	oz aalotkært

Admission *Belépés*

Is ... open on Sundays?	**... nyitva van vasárnaponként?**	... n^yeetvo von voshaarnoppawnkaynt
What are the opening hours?	**Mikor vannak nyitva?**	meekawr von-nok n^yeetvo
When does it close?	**Mikor zár?**	meekawr zaar
How much is the entrance fee?	**Mennyi a belépő?**	mæn^yee o bælaypur
Two adults and a child, please.	**Két felnőtt és egy gyerek belépőt kérek.**	kayt fælnurt aysh æd^y d^yæræk bælaypurt kayræk
Is there any reduction for (the) ...?	**Van kedvezmény ... részére?**	von kædvæzmayn^y ... raysayræ
children	**gyerekek**	d^yærækæk
disabled	**rokkantak**	rawkkontok
groups	**csoportok**	chawpawrtawk
pensioners	**nyugdíjasok**	n^yoogdee^yoshawk
students	**diákok**	dee^yaakawk
Do you have a guidebook (in English)?	**Van (angol nyelvű) útikalauz?**	von (ongawl n^yælvew) ooteekollo-ooz
Can I buy a catalogue?	**Kaphatok katalógust?**	kophottawk kottollawgoosht
Is it all right to take pictures?	**Szabad fényképezni?**	sobbod fayn^ykaypæznee

| **INGYENES A BELÉPÉS** | ADMISSION FREE |
| **TILOS A FÉNYKÉPEZÉS** | NO CAMERAS ALLOWED |

Who — What — When? *Ki – Mi – Mikor?*

What's that building?	**Mi az az épület?**	mee oz oz aypewlæt
Who was the ...?	**Ki volt ...?**	kee vawlt
architect	**az építész**	oz aypēētays
artist	**a művész**	o mēwvays
painter	**a festő**	o fæshtūr
sculptor	**a szobrász**	o sawbraas
Who built it?	**Ki építette?**	kee aypēētæt-tæ
Who painted that picture?	**Ki festette azt a képet?**	kee fæshtæt-tæ ost o kaypæt
When did he live?	**Mikor élt?**	meekawr aylt
When was it built?	**Mikor épült?**	meekawr aypewlt
Where's the house where ... lived?	**Hol az a ház, amelyben ... élt?**	hawl oz o haaz omæybæn ... aylt
We're interested in ...	**Minket ... érdekel/ érdekelnek.***	meenkæt ... ayrdækæl/ ayrdækælnæk
antiques	**a régiségek**	o raygheeshaygæk
archaeology	**a régészet**	o raygaysæt
art	**a képzőművészet**	o kaypzūrmēwvaysæt
botany	**a botanika**	o bawtonneeko
ceramics	**a kerámiák**	o kæraameeaak
coins	**az érmék**	oz ayrmayk
fine arts	**a szépművészet**	o saypmēwvaysæt
furniture	**a bútorok**	o bōōtawrawk
geology	**a geológia**	o gæawlāwgheeo
handicrafts	**a kézművesség**	o kayzmēwvæsh-shayg
history	**a történelem**	o turrtaynælæm
medicine	**az orvostudomány**	oz awrvawshtoodawmaan^y
music	**a zene**	o zænæ
natural history	**a természettudomány**	o tærmaysæt-toodawmaan^y
ornithology	**a madártan**	o moddaarton
painting	**a festészet**	o fæshtaysæt
pottery	**a kerámiák**	o kæraameeaak
religion	**a vallás**	o vollaash
sculpture	**a szobrászat**	o sawbraasot
zoology	**a zoológia**	o zaw-awlāwgheeo
Where's the ... department?	**Hol van ...-i részleg?**	hawl von ...-ee rayslæg

---

* Use *érdekelnek* with words in the following list which end in -k.

It's ...	Ez ...	æz
amazing	elbűvölő	ælbēwvurlūr
awful	borzasztó	bawrzostāw
beautiful	gyönyörű	dʸurnʸurrēw
gloomy	borongós	bawrawngāwsh
impressive	lenyűgöző	lænʸēwgurzūr
interesting	érdekes	ayrdækæsh
magnificent	pompás	pawmpaash
pretty	szép	sayp
strange	furcsa	foorcho
superb	kiváló	keevaalāw
terrifying	rémisztő	raymeestūr
tremendous	fantasztikus	fontosteekoosh
ugly	csúnya	chōōnʸo

Religious services *Egyházi szolgáltatások*

Although Catholics are the majority in Hungary, other religions are also practised.

Most churches are open to the public. Masses are usually said in Hungarian, but there are services in Latin, English and German as well.

Is there a ... near here?	Van a közelben ...?	von o kurzælbæn
Catholic church	katolikus templom	kottawleekoosh templawm
Protestant church	református templom	ræfawrmaatosh tæmplawm
mosque	mecset	mæchæt
synagogue	zsinagóga	zheenoggāwgo
What time is ...?	Hány órakor kezdő-dik ...?	haanʸ awrokawr kæzdūr-deek
mass	a mise	o meeshæ
the service	a szertartás	o særtortaash
Where can I find a ... who speaks English?	Hol találok egy angolul beszélő ...?	hawl tolaalawk ædʸ ongaw-lool bæsaylūr
priest/minister/ rabbi	papot/plébánost/ rabbit	poppawt/playbaanawsht/ robbeet
I'd like to visit the church.	Szeretném megnézni a templomot.	særætnaym mægnayznee o tæmplawmawt

In the countryside   *A szabadban*

Is there a scenic route to ...?	**Van valami szép útvonal ...-ba/-be?**	von **vo**llommee sayp ōōtvawnol ...-bo/-bæ
How far is it to ...?	**Milyen messze van ...?**	mee^yæn mæs-sæ von
Can we walk there?	**Gyalog el lehet menni?**	d^yollawg æl læhæt mænnee
How high is that mountain?	**Milyen magas az a hegy?**	mee^yæn moggosh oz o hæd^y
What kind of ... is that?	**Ez milyen ...?**	æz mee^yæn ...?
animal	**állat**	aal-lot
bird	**madár**	moddaar
flower	**virág**	veeraag
tree	**fa**	fo

bridge	**híd**	hēēd
cliff	**szikla**	sēēklo
farm	**tanya**	ton^yo
field	**mező**	mæzūr
footpath	**ösvény**	urshvayn^y
forest	**erdő**	ærdūr
garden	**kert**	kært
hill	**hegy**	hæd^y
house	**ház**	haaz
lake	**tó**	tāw
meadow	**rét**	rayt
mountain	**hegy**	hæd^y
(mountain) pass	**hágó**	haagāw
path	**ösvény**	urshvayn^y
peak	**hegycsúcs**	hæd^ychōōch
pond	**tó**	tāw
river	**folyó**	faw^yāw
road	**út**	ōōt
sea	**tenger**	tæng̃ær
spring	**forrás**	fawr-raash
valley	**völgy**	vurld^y
village	**falu**	folloo
vineyard	**szőlőskert**	surlurshkært
wall	**fal**	fol
waterfall	**vízesés**	vēēzæshaysh
wood	**erdő**	ærdūr

ASKING THE WAY, see page 76

Relaxing

Cinema (Movies)—Theatre   *Mozi – Színház*

Most foreign films are dubbed into Hungarian, but you may find some films, mainly at late-night shows, in the original version. A wide range of films are shown all day long, and tickets are fairly cheap.

Theatre plays and concerts generally start at 7 p.m. and tickets are very reasonable. You can find out what's on by looking in local newspapers and special weekly or monthly entertainment magazines.

What's on at the cinema tonight?	**Mi megy ma este a moziban?**	mee mæd^y mo æshtæ o mawzeebon
What's playing at the ... Theatre?	**Mi megy a ... Színházban?**	mee mæd^y o ... sēēnhaazbon
What sort of play is it?	**Milyen darab?**	mee^yæn dorrob
Who's it by?	**Ki írta?**	kee ēērto
Can you recommend a ...?	**Tudna ajánlani ...?**	toodno oyaanlonnee
good film	**egy jó filmet**	æd^y yaw feelmæt
comedy	**egy vígjátékot**	æd^y vēēgyaataykawt
musical	**egy musicalt**	æd^y m^yewzeekælt
Where's that new film directed by ... being shown?	**... új filmjét hol játsszák?**	... ōōy feelm^yayt hawl yaatsaak
Who's in it?	**Ki játszik benne?**	kee yaatseek bæn-næ
Who's playing the lead?	**Ki játssza a főszerepet?**	kee yaatso o fūrsæræpæt
Who's the director?	**Ki a rendező?**	kee o rændæzūr
At which theatre is that new play by ... being performed?	**Melyik színházban játsszák ... új darabját?**	mæ^yeek sēēnhaazbon yaatsaak ... ōōy dorrob^yaat

What time does it begin?	**Hány órakor kezdődik?**	hany āwrokawr kæzdürdeek
What time does the performance end?	**Mikor van vége az előadásnak?**	meekawr von vaygæ oz ælūroddaashnok
Are there any seats for tonight?	**Van ma estére jegy?**	von mo æshtayræ yædy
How much are the seats?	**Mennyibe kerül egy jegy?**	mænyeebæ kærewl ædy yædy
I'd like to reserve 2 seats for the show on Friday evening.	**Két jegyet szeretnék a péntek esti előadásra.**	kayt yædyæt særæntayk o payntæk æshtee ælūroddaashro
Can I have a ticket for the matinée on Tuesday?	**Kaphatnék a keddi matinéra jegyet?**	kophotnayk o kæd-dee motteenayro yædyæt
I'd like a seat in the stalls (orchestra).	**A földszintre kérek egy jegyet.**	o furldseentræ kayræk ædy yædyæt
Not too far back.	**Ne nagyon hátulra.**	næ nodyawn haatoolro
Somewhere in the middle.	**Valahova középre.**	vollohawvo kurzaypræ
How much are the seats in the circle (mezzanine)?	**Mennyibe kerül egy jegy az erkélyre?**	mænyeebæ kærewl ædy yædy oz ærkayyræ
May I have a programme, please?	**Kaphatnék egy műsorfüzetet?**	kophotnayk ædy mewshawrfewzætæt
Where's the cloakroom?	**Merre van a ruhatár?**	mær-ræ von o roohottaar

Sajnálom, minden jegy elkelt.	I'm sorry, we're sold out.
Csak az erkélyre van még néhány jegy.	There are only a few seats left in the circle (mezzanine).
Láthatnám a jegyét?	May I see your ticket?
Ez az ön helye.	This is your seat.

DAYS OF THE WEEK, see page 151

Szórakozás

Opera — Balett — Concert   *Opera – Balett – Koncert*

Can you recommend a (n) ...?	**Tudna ajánlani ...?**	toodno oyaanlonnee
ballet	**egy balettet**	æd^y bollæt-tæt
concert	**egy koncertet**	æd^y kawntsærtæt
opera	**egy operát**	æd^y awpæraat
operetta	**egy operettet**	æd^y awpæræt-tæt

Where's the opera house/ the concert hall?	**Hol van az opera/ hangversenyterem?**	hawl von oz awpæro/ hongværsæn^ytæræm
What's on at the opera tonight?	**Mi megy ma este az operában?**	mee mæd^y mo æshtæ oz awpæraabon
Who's singing/ dancing?	**Ki énekel/táncol?**	kee aynækæl/taantsawl
Which orchestra is playing?	**Melyik zenekar játszik?**	mæ^yeek zænækor yaatseek
What are they playing?	**Mit játszanak?**	meet yaatsonnok
Who's the conductor/ soloist?	**Ki a karmester/ szólista?**	kee o kormæshtær/ sawleeshto

Nightclubs   *Éjszakai szórakozóhelyek*

Can you recommend a good nightclub?	**Tud ajánlani egy jó éjszakai klubot?**	tood oyaanlonnee æd^y yaw aysokoee kloobawt
Is there a floor show?	**Műsor van?**	mēwshawr von
What time does the show start?	**Mikor kezdődik a műsor?**	meekawr kæzdūrdeek o mēwshawr
Is evening dress required?	**Alkalmi öltözet szükséges?**	olkolmee urlturzæt sewkshaygæsh

Discos   *Diszkó/Disco*

Where can we go dancing?	**Hol lehet táncolni?**	hawl læhæt taantsawlnee
Is there a disco- theque in town?	**Van diszkó a városban?**	von deeskāw o vaarawshbon
Would you like to dance?	**Van kedve táncolni?**	von kædvæ taantsawlnee

Sports *Sport*

The Hungarians are a sport-loving nation, and facilities for both watching and playing sports are widely available.

Soccer *(labdarúgás)* is without doubt the top spectator sport. Most towns have at least one team, and except in the height of summer you'll certainly be able to see a match whatever part of the country you happen to be in.

Basketball *(kosárlabda)* is also popular. It is played all year round except for the summer in various leagues. The country boasts some 40,000 regular players.

Water polo *(vízilabda)* is another big favourite. The national team has won many international prizes.

Horse racing *(lóverseny)* is widely organized during the season. Betting is legal and popular.

Sailing *(vitorlázás)* is popular on Lake Balaton and Lake Velence. Regattas and races take place on both lakes.

For information about all kinds of sports events, see the daily sports paper, or ask at the tourist office.

Is there a football (soccer) match anywhere this Saturday?	**Van most szombaton futball meccs valahol?**	von mawsht **sawm**bottawn **foot**bol mæch **vol**lohawl
Which teams are playing?	**Milyen csapatok játszanak?**	mee^yæn **chop**potawk **yaat**sonok

basketball	**kosárlabda**	**kaw**shaarlobdo
car racing	**autóversenyzés**	o-oot$\overline{\text{aw}}$værshæn^yzaysh
cycling	**kerékpározás**	kæraykpaarawzaash
football (soccer)	**futball**	**foot**bol
horse racing	**lóversenyzés**	l$\overline{\text{aw}}$værshan^yzaysh
(horse-back)riding	**lovaglás**	**law**voglaash
skiing	**síelés**	sh$\overline{\text{ee}}$-ælaysh
swimming	**úszás**	$\overline{\text{oo}}$saash
tennis	**tenisz**	**tæ**nees
volleyball	**röplabda**	**rurp**lobdo

Can you get me a ticket?	**Tud nekem szerezni egy jegyet?**	tood nækæm særæznee æd^y yæd^yæt
I'd like to see a boxing match.	**Szeretnék megnézni egy bokszmérkőzést.**	særætnayk mægnayznee æd^y bawxmayrkūrzaysht
What's the admission charge?	**Mennyi a belépő?**	mæn^yee o bælaypūr
Where's the nearest golf course?	**Hol a legközelebbi golfpálya?**	hawl o lægkurzælæb-bee gawlfpaayo
I'd like to play golf.	**Szeretnék golfozni.**	særætnayk gawlfawznee
Where are the tennis courts?	**Hol vannak a tenisz-pályák?**	hawl von-nok o tænees-paayaak
I'd like to play tennis.	**Szeretnék teniszezni.**	særætnayk tæneesæznee
What's the charge per ...?	**Mennyi a bérleti díj ...?**	mæn^yee o bayrlætee dēē^y
day	**naponta**	noppawnto
round	**játszmánként**	yaatsmaankaynt
hour	**óránként**	āwraankaynt
Can I hire (rent) rackets?	**Lehet ütőket kölcsönözni?**	læhæt ewtūrkæt kurlchurnurznee
Where's the race course (track)?	**Hol a pálya?**	hawl o paayo
Is there any good fishing/hunting around here?	**Lehet a környéken jól horgászni/vadászni?**	læhæt o kurrn^yaykæn yāwl hawrgaasnee/voddaasnee
Do I need a permit?	**Engedély szükséges?**	ængæday^y sewkshaygæsh
Where can I get one?	**Hol kaphatok enge-délyt?**	hawl kophotawk ængæ-day^yt
Can one swim in the lake/river?	**Szabad a tóban/folyóban úszni?**	sobbod o tāwbon/faw^yāwbon oosnee
Is there a swimming pool here?	**Van itt uszoda?**	von eet oosawdo
Is it open-air or indoor?	**Szabadtéri vagy fedett?**	sobbottayree vod^y fædæt
What's the tempera-ture of the water?	**Hány fokos a víz?**	haan^y fawkawsh o vēēz
Is there a sandy beach?	**Van homokos strand?**	von hawmawkawsh shtrond

On the beach   *A strandon*

Is it safe to swim here?	**Biztonságos itt fürdeni?**	beestawnshaagawsh eet fewrdænee
Is there a lifeguard?	**Mentőszolgálat van?**	mæntūrsawlgaalot von
Is it safe for children?	**Biztonságos gyerekek részére?**	beestawnshaagawsh d^yærækæk raysayræ
The lake is very calm.	**Nagyon nyugodt a tó.**	nod^yawn n^yoogawt o tāw
There are some big waves.	**Nagyon hullámzik.**	nod^yawn hool-laamzeek
Are there any dangerous currents?	**Vannak veszélyes örvények?**	von-nok væsay^yæsh urrvayn^yæk
I want to hire a/an/ some ...	**Szeretnék ... bérelni.**	særætnayk ... bayrælnee
bathing hut (cabana)	**egy kabint**	æd^y kobbeent
deck chair	**egy nyugágyat**	æd^y n^yoogaad^yot
motorboat	**egy motorcsónakot**	æd^y mawtawrchāwnokkawt
rowing-boat	**egy evezős csónakot**	æd^y ævæzūrsh chāwnok-kawt
sailing boat	**egy vitorlást**	æd^y veetawrlaasht
sunshade (umbrella)	**egy napernyőt**	æd^y noppærn^yūrt
water-skis	**vizisít**	veezeeshēēt
windsurfer	**egy surföt**	æd^y surrfurt

MAGÁNSTRAND	PRIVATE BEACH
TILOS A FÜRDÉS	NO SWIMMING

Riding   *Lovaglás*

I'd like to take riding lessons.	**Lovaglóleckéket szeretnék venni.**	lawvoglāwlætskaykæt særætnayk væn-nee
Where can I go riding?	**Hol lehet lovagolni?**	hawl læhæt lawvoggawlnee

Winter sports   *Téli sportok*

Is there a skating rink near here?	**Van a közelben korcsolyapálya?**	von o kurzælbæn kawrchawyoppaayo
I'd like to ski.	**Szeretnék síelni.**	særætnayk shēēælnee

Making friends

Introductions   *Bemutatkozás*

May I introduce ...?	**Szeretném bemutat-ni ...**	særætnaym bæmoototnee
John, this is ...	**John, ez ...**	John æz
My name is ...	**... vagyok.**	... vod^yawk
Pleased to meet you!	**Örülök, hogy megismerhetem.**	urrewlurk hawd^y mægeeshmærhætæm
What's your name?	**Hogy hívják?**	hawd^y hēēvyaak
How are you?	**Hogy van?**	hawd^y von
Fine, thanks. And you?	**Köszönöm jól. És ön?**	kursurnurm yāwl. aysh urn

Follow-up   *Ismerkedő beszélgetés*

How long have you been here?	**Mióta van itt?**	meeāwto von eet
We've been here a week.	**Egy hete vagyunk itt.**	æd^y hætæ vod^yoonk eet
Is this your first visit?	**Először van itt?**	ælūrsur von eet
No, we came here last year.	**Nem, tavaly is voltunk itt.**	næm tovvoy eesh vawltoonk eet
Are you enjoying your stay?	**Jól érzi magát?**	yawl ayrzee moggaat
Yes, I like it very much.	**Igen, nagyon jól.**	eegæn nod^yawn yāwl
I like the scenery a lot.	**Nagyon szeretem a vidéket.**	nod^yawn særætæm o veedaykæt
What do you think of the country/people?	**Mit gondol az ország-ról/az emberekről?**	meet gawndawl oz awrsaagrāwl/oz æmbærækrūrl
Where do you come from?	**Honnan jött?**	hawn-non jurt
I'm from ...	**...-ból/-ből jöttem.**	...-bāwl/-būrl yurtæm
What nationality are you?	**Milyen nemzetiségű?**	mee^yæn næmzæteeshay-gēw

COUNTRIES, see page 146

I'm ...	... **vagyok.**	... **vod^yawk**

I'm ...	... **vagyok.**	... **vod^yawk**
American	**Amerikai**	ommæreekoee
British	**Angol/Brit**	ongawl/breet
Canadian	**Kanadai**	konnodoee
English	**Angol**	ongawl
Irish	**Ír**	ēēr

Where are you staying?	**Hol lakik?**	hawl lokkeek
Are you on your own?	**Egyedül van?**	æd^yædewl von
I'm with my ...	... **vagyok.**	... **vod^yawk**

wife	**A feleségemmel**	o fælæshaygæm-mæl
husband	**A férjemmel**	o fayr^yæm-mæl
family	**A családommal**	o chollaadawm-mol
children	**A gyerekeimmel**	o d^yærækæeem-mæl
parents	**A szüleimmel**	o sewlæeem-mæl
boyfriend/girlfriend	**A barátommal/ barátnőmmel**	o borraatawm-mol/ borraatnūrm-mæl

father/mother	**édesapa/édesanya**	aydæshoppo/aydæshon^yo
son/daughter	**fia/lánya**	feeo/laan^yo
brother/sister	**(fiú-/lány-) testvér**	(feeōō-/laan^y-) tæshtvayr
uncle/aunt	**nagybácsi/nagynéni**	nod^ybaachee/nod^ynaynee
nephew/niece	**unokaöccs/unokahúg**	oonawko-urch/ oonawkohōōg
cousin	**unokatestvér**	oonawkotæshtvayr

Are you married?	**Házas?**	haazosh
Are you single?	**Hajadon*/Nőtlen**?**	hoyodawn/nūrtlæn
Do you have children?	**Van gyereke?**	von d^yærækæ
What do you do?	**Mi a foglalkozása?**	mee o fawglolkawzaasho
I'm a student.	**Diák vagyok.**	deeaak vod^yawk
What are you studying?	**Mit tanul?**	meet tonnool
I'm here on a business trip.	**Üzleti úton vagyok itt.**	ewzlætee ōōtawn vod^yawk eet
Do you travel a lot?	**Sokat utazik?**	shawkot ootozzeek
Do you play cards/ chess?	**Kártyázik/Sakkozik?**	kaart^yaazeek/shok-kawzeek

---
* Woman   ** Man

MAKING FRIENDS

The weather *Az időjárás*

What a lovely day!	**Milyen gyönyörű nap!**	mee^yæn d^yurn^yurew nop
What awful weather!	**Micsoda pocsék idő!**	meechawdo pawchayk eedūr
Isn't it cold/ hot today?	**Milyen hideg/meleg van ma!**	mee^yæn heedæg/mælæg von mo
Is it usually as warm as this?	**Mindig ilyen meleg van?**	meendeeg eeyæn mælæg von
Do you think it's going to ... tomorrow?	**Mit gondol, ... holnap?**	meet gawndawl hawlnop
be a nice day	**szép idő lesz**	sayp eedūr læs
rain	**esni fog**	æshnee fawg
snow	**havazni fog**	hovvoznee fawg
What's the weather forecast?	**Mit mond az időjárásjelentés?**	meet mawnd oz eedūryaaraashyælæntaysh

cloud	**felhő**	fælhūr
fog	**köd**	kurd
frost	**fagy**	fod^y
ice	**jég**	yayg
lightning	**villámlás**	veel-laamlaash
moon	**hold**	hawld
rain	**eső**	æshūr
sky	**ég**	ayg
snow	**hó**	hāw
star	**csillag**	cheel-log
sun	**nap**	nop
thunder	**mennydörgés**	mæn^ydurgaysh
thunderstorm	**vihar**	veehor
wind	**szél**	sayl

Ismerkedés

Invitations *Meghívás*

| Would you like to have dinner with us on ...? | **Eljönne hozzánk vacsorázni ...?** | ælyurnnæ hawz-zaank vochawraaznee |
| May I invite you to lunch? | **Meghívhatom ebédre?** | mæghēēvhotawm æbaydræ |

DAYS OF THE WEEK, see page 151

Can you come round for a drink this evening?	Átjönne ma este egy italra?	aatyurnnæ mo æshtæ ædᵛ eetolro
There's a party. Are you coming?	Parti/Házibuli* lesz nálunk. Eljön?	portee/haazeeboolee læs naaloonk. ælyurn
That's very kind of you.	Nagyon kedves öntől.	nodᵛawn kædvæsh urntūrl
Great. I'd love to come.	Nagyszerű. Szívesen eljövök.	nodᵛsærēw. sēēvæshæn ælyurvurk
What time shall we come?	Hánykor jöjjünk?	haanᵛkawr yuryewnk
May I bring a friend?	Elhozhatom egy barátomat?	ælhaws-hotawm ædᵛ boraatawmot
I'm afraid we have to leave now.	Azt hiszem, most már mennünk kell.	ost heesæm mawsht maar mæn-newnk kæl
Next time you must come to visit us.	Legközelebb feltétlenül látogassanak meg.	lækkurzælæb fæltaytlænewl laatawgosh-shonnok mæg
Thanks for the evening. It was great.	Köszönöm az estét. Nagyszerű volt.	kursurnurm oz æshtayt. nodᵛsærēw vawlt

Dating *Randevú*

Do you mind if I smoke?	Nem zavarja, ha dohányzom?	næm zovvoryo ho dawhaanᵛzawm
Would you like a cigarette?	Parancsol egy cigarettát?	porronchawl ædᵛ tseegorrættaat
Do you have a light, please?	Van tüze?	von tewzæ
Why are you laughing?	Miért nevet?	meeayrt nævæt
Is my Hungarian that bad?	Annyira rosszul beszélek magyarul?	onᵛeero rawsool bæsaylæk modᵛorool
Do you mind if I sit here?	Ideülhetek?	eedæewlhætæk
Can I get you a drink?	Hozhatok egy italt?	haws-hottawk ædᵛ eetolt
Are you waiting for someone?	Vár valakit?	vaar vollokeet

---
* informal

Are you free this evening?	**Szabad ma este?**	sobbod mo æshtæ
Would you like to go out with me tonight?	**Eljönne velem ma este valahova?**	ælyurn-næ vælæm mo æshtæ vollohawvo
Would you like to go dancing?	**Lenne kedve táncolni?**	læn-næ kædvæ taantsawlnee
I know a good discotheque.	**Ismerek egy jó diszkót.**	eeshmæræk æd^y yāw deeskāwt
Shall we go to the cinema (movies)?	**Menjünk moziba?**	mæn^{y}ewnk mawzeebo
Would you like to go for a drive?	**Van kedve autózni egyet?**	von kædvæ o-ootāwznee æd^{y}æt
Where shall we meet?	**Hol találkozzunk?**	hawl tollaalkawz-zoonk
I'll pick you up at your hotel.	**A szállodájánál felveszem.**	o saal-lawdaayaanaal fælvæsæm
I'll call for you at 8.	**8-kor magáért jövök.**	n^{y}awltskawr moggaa-ayrt yurvurk
May I take you home?	**Hazavihetem?**	hozzoveehætæm
Can I see you again tomorrow?	**Holnap újra láthatom?**	hawlnop ōōyro laathotawm
I hope we'll meet again.	**Remélem, újra találkozunk.**	ræmaylæm ōōyro tollaalkawzoonk

... and you might answer:

I'd love to, thank you.	**Szívesen, köszönöm.**	sēēvæshæn kursurnurm
Thank you, but I'm busy.	**Köszönöm, de sok dolgom van.**	kursurnurm dæ shawk dawlgawm von
No, I'm not interested, thank you.	**Köszönöm, nem érdekel.**	kursurnurm næm ayrdækæl
Leave me alone, please!	**Kérem, hagyjon békén!**	kayræm hod^{y}awn baykayn
Thank you, it's been a wonderful evening.	**Köszönöm, csodálatos este volt.**	kursurnurm chawdaa-lotawsh æshtæ vawlt
I've enjoyed myself.	**Nagyon jól éreztem magam.**	nod^{y}awn yāwl ayræstæm moggom

Shopping guide

This shopping guide is designed to help you find what you want with ease, accuracy and speed. It features:

1. A list of all major shops, stores and services (p. 98).

2. Some general expressions required when shopping to allow you to be specific and selective (p. 100).

3. Full details of the shops and services most likely to concern you. Here you'll find advice, alphabetical lists of items and conversion charts listed under the headings below.

Vásárlási tanácsadó

LAUNDRY, see page 29/HAIRDRESSER'S, see page 30

Shops, stores and services   *Üzletek, szolgáltatások*

Most shops are open from 10 a.m. to 6 p.m. (department stores from 10 a.m. to 7 p.m.), Monday–Friday, and from 9 a.m. to 2 p.m., Saturdays, without a break. Late-night closing (8 p.m.) is on Thursday. Some tobacconists and most pastry shops also stay open on Sunday. Grocers and dairy shops may open as early as 6 a.m.

Price tags in Hungarian shops show the price you actually pay. No tax is added, and discounts are not negotiable. Intertourist shops, where payment must be made in hard currency, are likely to have a wider range of goods.

Where's the nearest ...?	Hol a legközelebbi ...?	hawl o lægkurzælæb-bee
antique shop	régiségkereskedés	raygheeshaygkæræshkæ-daysh
art gallery	képzőművészeti galéria	kaypzūrmēwvaysætee gollayreeo
baker's	pékség	paykshayg
bank	bank	bonk
barber's	borbély	bawrbay^y
beauty salon	kozmetikai szalon	kawzmæteekoee sollawn
bookshop	könyvesbolt	kurn^yvæshbawlt
butcher's	hentes	hæntæsh
camera shop	fotó szaküzlet	fawtāw sokkewzlæt
chemist's	gyógyszertár	d^yawd^ysærtaar
confectioner's	édességbolt	aydæsh-shay^ygbawlt
dairy	tejbolt	tæ^ybawlt
delicatessen	csemege bolt	chæmægæ bawlt
dentist	fogorvos	fawgawrvawsh
department store	áruház	aaroohaaz
drugstore	gyógyszertár	d^yawd^ysærtaar
dry cleaner's	vegytisztító	væd^yteesteetāw
electrical goods shop	elektromos szaküzlet	æælæktrawmawsh sokkewzlæt
fishmonger's	halkereskedés	holkæræshkædaysh
florist's	virágbolt	veeraagbawlt
furrier's	szőrmekereskedés	sūrrmækæræshkædaysh
greengrocer's	zöldséges	zurldshaygæsh
grocer's	élelmiszerbolt	aylælmeesærbawlt
hairdresser's (ladies/men)	fodrászat (női/férfi)	fawdraasot (nūr-ee/fayrfee)

hardware store	vasedény bolt	voshædayn^y bawlt
hospital	kórház	kāwrhaaz
ironmonger's	vasáru bolt	voshaaroo bawlt
jeweller's	ékszerbolt	ayksærbawlt
launderette	mosoda/patyolat	mawshawdo/pot^yawlot
laundry	patyolat	pot^yawlot
library	könyvtár	kurn^yvtaar
market	piac	peeots
newsagent's	újságos	ōōyshaagawsh
newsstand	újságos	ōōyshaagawsh
optician	látszerész	laatsærays
pastry shop	cukrászda	tsookraasdo
photographer	fényképész	fayn^ykaypays
police station	rendőrség	rændūrshayg
post office	posta	pawshto
second-hand shop	bizományi áruház	beezawmaan^yee aaroohaaz
shoemaker's (repairs)	cipész	tseepays
shoe shop	cipőbolt	tseepūrbawlt
shopping centre	bevásárló központ	bævaashaarlāw kurzpawnt
souvenir shop	souvenir bolt	soovæneer bawlt
sporting goods shop	sportszerkereske-dés	shpawrtsærkæræshkæ-daysh
stationer's	papír-írószer bolt	poppeer-eerāwsær bawlt
supermarket	ABC-áruház	aabaytsay-aaroohaaz
sweet shop	édességbolt	aydæsh-shaygbawlt
tailor's	szabó	sobbāw
telegraph office	távíróhivatal	taaveerāwheevottol
tobacconist's	dohánybolt	dawhaan^ybawlt
toy shop	játékbolt	yaataykbawlt
travel agency	utazási iroda	ootozzaashee eerawdo
vegetable store	zöldséges	zurldshaygæsh
veterinarian	állatorvos	aal-lottawrvawsh
watchmaker's	órás	āwraash
wine merchant	bor szaküzlet	bawr sokkewzlæt

BEJÁRAT	ENTRANCE
KIJÁRAT	EXIT
VÉSZKIJÁRAT	EMERGENCY EXIT

General expressions *Általános kifejezések*

Where? *Hol?*

Where's there a good ...?	**Hol van egy jó ...?**	hawl von æd^y yāw
Where can I find a ...?	**Hol találok ...?**	hawl tollaalawk
Where's the main shopping area?	**Hol a vásárló negyed?**	hawl o vaashaarlāw næd^{y}æd
Is it far from here?	**Messze van innen?**	mæs-sæ von een-næn
How do I get there?	**Hogy jutok el oda?**	hawd^y yootawk æl awdo

KIÁRUSÍTÁS
SALE

Service *Kiszolgálás*

Can you help me?	**Segítene?**	shægheetænæ
I'm just looking.	**Csak nézelődök.**	chok nayzælūrdurk
Do you sell ...?	**Árulnak ...?**	aaroolnok
I'd like to buy ...	**... szeretnék venni.**	... særætnayk væn-nee
I'd like ...	**Szeretnék ...**	særætnayk
Can you show me some ...?	**Mutatna néhány ...?**	moototno nayhaan^y
Do you have any ...?	**Van ...?**	von
Where is the ... department?	**Hol van a ... osztály?**	hawl von o ... awstaa^y
Where's the lift (elevator)/escalator?	**Hol van a lift/ mozgólépcső?**	hawl von o leeft/ mawzgāwlaypchūr

That one *Azt*

Can you show me ...?	**Megmutatná ...?**	mægmoototnaa
this/that	**ezt/azt**	æst/ost
the one in the window/in the display case	**azt ott a kirakatban/ amelyik ki van téve**	ost awt o keerokkotbon/ omæ^{y}eek kee von tayvæ

Defining the article *Az árucikk leírása*

I'd like a ... one.	**Valami ...-ra/re** **van szükségem.**	**vollommee** ...-ro/-ræ von **sewk**shaygæm
big	**nagy**	nod^y
cheap	**olcsó**	**awl**chāw
dark	**sötét**	**shur**tayt
good	**jó**	yāw
heavy	**nehéz**	**næ**hayz
large	**nagy**	nod^y
light (weight)	**könnyű**	**kurn**^{y}ew
light (colour)	**világos**	**vee**laagawsh
oval	**ovális**	**aw**vaaleesh
rectangular	**négyszögletes**	**nayd**^{y}surglætæsh
round	**kerek**	**kæ**ræk
small	**kicsi**	**kee**chee
square	**négyzet alakú**	**nayd**^{y}zæt ollokkōō
sturdy	**szilárd**	**see**laard
I don't want anything too expensive.	**Nem valami drága** **holmira gondolok.**	næm **vollommee draa**go **hawl**meero **gawn**dawlawk

Choosing *Választás*

Can you show me some others?	**Tudna mást mutatni?**	**tood**no maasht **moo**totnee
Don't you have anything ...?	**Nincs valami ...?**	neench **vollommee**
cheaper/better	**olcsóbb/jobb**	**awl**chāwb/yawb
larger/smaller	**nagyobb/kisebb**	**nod**^{y}awb/**kee**shæb

How much? *Mennyi?*

How much is this?	**Mennyibe kerül ez?**	**mæn**^{y}eebæ **kæ**rewl æz
How much are they?	**Azok mennyibe** **kerülnek?**	**ozz**awk **mæn**^{y}eebæ **kæ**rewlnæk
I don't understand.	**Nem értem.**	næm **ayr**tæm
Please write it down.	**Kérem írja le.**	**kay**ræm **eer**yo læ
I don't want to spend more than ... forints.	**Nem akarok ...** **forintnál többet** **költeni.**	næm **okk**orrawk ... **faw**reentnaal **turb**-bæt **kurl**tænee

COLOURS, see page 112

Decision   *Döntés*

It's not quite what I want.	**Nem egészen ilyet szeretnék.**	næm ægaysæn ee^væt særæetnayk
No, I don't like it.	**Nem, nem tetszik.**	næm næm **tæt**seek
I'll take it.	**Megveszem.**	**mæg**væsæm

Ordering   *Megrendelés*

Can you order it for me?	**Meg tudná rendelni?**	mæg **tood**naa rændælnee
How long will it take?	**Mennyi ideig kell várni?**	mæn^yee eedæeeg kæl **vaar**nee

Delivery   *Szállítás*

I'll take it with me.	**Magammal viszem.**	**mog**gom-mol **vee**sæm
Deliver it to the ... Hotel.	**Kérem szállíttassa a ... szállodába.**	kayræm saalleettosh-sho o ... **saal**lawdaabo
Please send it to this address.	**Kérem, küldje erre a címre.**	kayræm **kewl**dyæ ær-ræ o **tseem**ræ
Will I have any difficulty with the customs?	**Nem lesz problémám a vámnál?**	næm læs **prawb**laymaam o **vaam**naal

Paying   *Fizetés*

How much is it?	**Mennyibe kerül?**	mæn^yeebæ **kæ**rewl
Can I pay by traveller's cheque?	**Fizethetek traveller's csekkel?**	feezæt**hæt**æk **træ**vællærs **chæk**-kæl
Do you accept dollars/pounds?	**Elfogadnak dollárt/fontot?**	ælfawgodnok **dawl**-laart/ **fawn**tawt
Do you accept credit cards?	**Hitelkártyát elfogadnak?**	heetæl**kaart**^yaat **æl**fawgodnok
I think there's a mistake in the bill.	**Azt hiszem hibás a számla.**	ost **hee**sæm **hee**baash o **saam**lo

Anything else? *Más valamit?*

No, thanks, that's all.	**Nem, köszönöm, ez minden.**	næm **kur**surnurm æz **meen**dæn
Yes, I'd like ...	**Igen, szeretnék ...**	**ee**gæn **sær**ætnayk
Can you show me ...	**Tudna mutatni ...?**	**tood**no **moo**tottnee
May I have a bag, please?	**Kaphatnék egy szatyrot?**	**kop**hotnayk æd^y sot^{y}rawt
Could you wrap it up for me, please?	**Becsomagolná, kérem?**	bæchawmoggawlnaa **kay**ræm
May I have a receipt?	**Blokkot kaphatnék?**	**blawk**-kawt **kop**hotnayk

Dissatisfied? *Elégedetlen?*

Can you exchange this, please?	**Kicserélné ezt, kérem?**	keechæraylnay æst **kay**ræm
I want to return this.	**Ezt szeretném kicserélni.**	æst særætnaym keechæraylnee
I'd like a refund.	**Kérem vissza a vételárat.**	**kay**ræm **vees**-so o **vay**tælaarot
Here's the receipt.	**Tessék a blokk.**	**tæsh**-shayk o blawk

---

Segíthetek?	Can I help you?
Mit parancsol?	What would you like?
Milyen ... parancsol?	What ... would you like?
színt/formát	colour/shape
Sajnálom, ilyen nincs.	I'm sorry, we don't have any.
Elfogyott.	We're out of stock.
Megrendeljük?	Shall we order it for you?
Elviszi magával, vagy elküldjük?	Will you take it with you or shall we send it?
Más valamit?	Anything else?
... forint lesz.	That's ... forints, please.
A pénztár ott van.	The cash desk is over there.

Bookshop—Stationer's   *Könyvesbolt – Papír-írószer bolt*

Books and stationery items are usually sold in separate shops. You'll find newspapers and magazines at newsstands and at post offices. Western dailies and news magazines are available at major hotels and some kiosks in the capital.

Where's the nearest ...?	**Hol a legközelebbi ...?**	hawl o **læg**kurzælæb-bee
bookshop	**könyvesbolt**	**kurn**ʸvæshbawlt
stationer's	**papír-írószer bolt**	**poppēēr-ēērāwsær** bawlt
newsstand	**újságos**	**ōōy**shaagawsh
Where can I buy an English-language newspaper?	**Hol kaphatok angol nyelvű újságot?**	hawl **koph**ottawk **on**gawl nʸælvēw **ōōy**shaagawt
Where's the guide-book section?	**Merre vannak az úti-könyvek?**	**mær**-ræ **von**-nok oz **ōōtee**-kurnʸvæk
Where do you keep the English books?	**Hol tartják az angol nyelvű könyveket?**	hawl **tort**yaak oz **on**gawl nʸælvēw **kurn**ʸvækæt
Have you any of ...'s books in English?	**Nincs meg véletlenül ... könyve angolul?**	neench mæg **vayl**ætlænewl ... **kurn**ʸvæ **on**gawlool
Do you have second-hand books?	**Antikvár könyvet tartanak?**	**on**teekvaar **kurn**ʸvæt **tor**tonnok
Do you have American magazines?	**Vannak amerikai folyóiratok?**	**von**nok om-mæreekoee **faw**yāweerottawk
I want to buy a/an/ some ...	**Szeretnék ... venni.**	**sær**ætnayk ... **væn**-nee
address book	**egy címregisztert**	ædʸ **tsēēm**rægheestært
adhesive tape	**ragasztószalagot**	**rog**gostāwsollogawt
ball-point pen	**egy golyóstollat**	ædʸ **gaw**yāwshtawllot
book	**egy könyvet**	ædʸ **kurn**ʸvæt
calendar	**egy naptárt**	ædʸ **nop**taart
carbon paper	**indigót**	**een**deegāwt
coloured pencils	**színes ceruzát**	**sēē**næsh tsæroozaat
crayons	**zsírkrétát**	**zhēēr**kraytaat
detective story (thriller)	**egy krimit**	ædʸ **kree**meet
dictionary	**szótárt**	**sāw**taart
Hungarian-English	**magyar-angol**	**mod**ʸor-ongawl
pocket	**zseb**	zhæb

drawing paper	rajzlapot	royzloppawt
drawing pins	rajzszöget	royzsurgæt
envelopes	borítékot	bawrēētaykawt
eraser	radírt	roddēērt
exercise book	egy füzetet	æd^y fewzætæt
felt-tip pen	filctollat	feeltstawllot
fountain pen	egy töltőtollat	æd^y turltūrtawllot
glue	ragasztót	roggostāwt
grammar book	nyelvtankönyvet	n^yælvtonkurn^yvæt
guidebook	útikalauzt	ōōteekollo-oozt
ink	tintát	teentaat
black/red/blue	fekete/piros/kék	fækætæ/peerawsh/kayk
(adhesive) labels	(öntapadós) címkét	(urntoppoddāwsh) tsēēmkayt
magazine	egy folyóiratot	æd^y fawyāweerottawt
map	egy térképet	æd^y tayrkaypæt
street map	egy várostérképet	æd^y vaarawshtayrkaypæt
road map of ...	egy ... autó-térképet	æd^y ... o-ootāwtayr-kaypæt
mechanical pencil	egy töltőceruzát	æd^y turltūrtsæroozaat
newspaper	egy újságot	æd^y ōōyshaagawt
American/English	amerikai/angol	ommæreekoee/ongawl
notebook	egy jegyzettömböt	æd^y yæd^yzætturmburt
note paper	írólapot	ēērawloppawt
paintbox	egy festékdobozt	æd^y fæshtaykdawbawzt
paintbrush	egy ecsetet	æd^y æchætæt
paper	papírt	poppēērt
paperback	egy zsebkönyvet	æd^y zhæbkurn^yvæt
paperclips	gemkapcsot	gæmkopchawt
paper napkins	papírszalvétát	poppēērsolvaytaat
paste	ragasztót	roggostawt
pen	egy tollat	æd^y tawl-lot
pencil	egy ceruzát	æd^y tsæroozaat
pencil sharpener	egy hegyezőt	æd^y hæd^yæzurt
playing cards	kártyát	kaart^yaat
pocket calculator	zsebszámológépet	zhæbsaamawlāwgaypæt
propelling pencil	töltőceruzát	turltūrtsæroozaat
refill (for a pen)	egy tollbetétet	æd^y tawlbætaytæt
rubber	egy radírt	æd^y roddēērt
ruler	egy vonalzót	æd^y vawnolzāwt
staples	U-kapcsokat	oo-kopchawkot
string	zsineget	zheenægæt
thumbtacks	rajzszeget	roysægæt
travel guide	útikalauzt	ōōteekollo-oost
typewriter ribbon	írógépszalagot	ēērāwgaypsolloggawt
typing paper	géppapírt	gayppoppēērt
wrapping paper	csomagoló papírt	chawmoggawlāw poppēērt
writing pad	egy jegyzettömböt	æd^y yæd^yzætturmburt

Camping and sports equipment   *Kemping- és sportfelszerelés*

I'd like a/an/some ...	... szeretnék.	... særætnayk
I'd like to hire a/ an/some ...	... szeretnék bérelni.	... særætnayk bayrælnee
air bed (mattress)	egy gumimatracot	æd^y goomeemotrotsawt
backpack	egy hátizsákot	æd^y haateezhaakawt
butane gas	butángáz palackot	bootaangaaz pollotskawt
campbed	egy kempingágyat	æd^y kæmpeengaad^yot
(folding) chair	egy (kemping)széket	æd^y kæmpeengsaykæt
charcoal	faszenet	fosænæt
compass	egy iránytűt	æd^y eeraan^ytēwt
cool box	egy hűtőládát	æd^y hēwtūrlaadaat
deck chair	egy nyugágyat	æd^y n^yoogaad^yot
fishing tackle	horgászfelszerelést	hawrgaasfælsærælaysht
flashlight	egy zseblámpát	æd^y zhæblaampaat
groundsheet	egy sátorlapot	æd^y shaatawrloppawt
hammock	egy függőágyat	æd^y fewg-gūr-aad^yot
ice pack	egy hűtőtáskát	æd^y hēwtūrtaashkaat
insect spray (killer)	egy rovarirtó sprayt	æd^y rawvorreertaw sprayt
kerosene	petróleumot	pætrāwlæoomawt
lamp	egy lámpát	æd^y laampaat
lantern	egy lámpást	æd^y laampaasht
mallet	egy kalapácsot	æd^y kolloppaachawt
matches	gyufát	d^yoofaat
mattress	egy matracot	æd^y motrotsawt
mosquito net	egy szúnyoghálót	æd^y soon^yawghaalāwt
padlock	egy lakatot	æd^y lokkottawt
paraffin	petróleumot	pætrāwlæoomawt
penknife	egy zsebkést	æd^y zhæbkaysht
picnic basket	egy kosarat	æd^y kawshorrot
pump	egy pumpát	æd^y poompaat
rope	egy kötelet	æd^y kurtælæt
rucksack	egy hátizsákot	æd^y haateezhaakawt
skiing equipment	egy sífelszerelést	æd^y sheefælsærælaysht
skin-diving equipment	egy búvárfelszerelést	æd^y bōōvaarfælsæræ-laysht
sleeping bag	egy hálózsákot	æd^y haalāwzhaakawt
(folding) table	egy (kemping)asztalt	æd^y (kæmpeeng)ostolt
tent	egy sátrat	æd^y shaatrot
tent pegs	sátorcövekeket	shaatawrtsurvækækæt
tent pole	sátorcölöpöket	shaatawrtsurlurpurkæt
torch	egy zseblámpát	æd^y zhæblaampaat
waterflask	egy kulacsot	æd^y koolochawt

CAMPING, see page 32

Chemist's (drugstore)   *Gyógyszertár*

In Hungarian, the name for a chemist's shop, or drugstore, is *patika* (**po**tteeko) or *gyógyszertár* (**d**ᵛ**āwd**ᵛsærtaar). Their range of wares is restricted to pharmaceutical and related products—they do not sell the wide range of goods found in most British or American pharmacies.

Outside normal hours, pharmacies open on a rota basis—in larger centres there will always be at least one on night and weekend duty. An illuminated sign in each pharmacy window tells you where you can get service after hours.

For cosmetics and toiletries, go to an *illatszerbolt* (**eel**-lotsærbawlt), and for photo supplies, to a *fotószaküzlet* (**faw**tāwsokewzlæt).

This section is divided into two parts:

1 Medicine, first aid, etc.
2 Toilet articles, cosmetics, etc.

General   *Általánosságok*

Where's the nearest (all-night) chemist's?	**Hol a legközelebbi (éjszakai) gyógy-szertár?**	hawl o læg**kur**zælæb-bee (ayᵛsokkooee) dᵛ**awd**ᵛsærtaar
What time does the chemist's open/close?	**Mikor nyit/zár a gyógyszertár?**	**mee**kawr nᵛeet/zaar o dᵛ**āwd**ᵛsærtaar

1-Pharmaceutical   *Orvosságok*

I'd like something for ...	**Kérek valamit ... ellen.**	**kay**ræk **vol**lommeet ... **æl**-læn
a cold/a cough	**nátha/köhögés**	**naa**tho/**kur**hurgaysh
hay fever	**szénanátha**	**say**nonnaat-ho
insect bites	**rovarcsípések**	**raw**vorcheepayshæk
sunburn	**leégés**	**læ**aygaysh
travel sickness	**hányinger**	**haan**ᵛeengær
an upset stomach	**gyomorrontás**	dᵛ**aw**mawr-rawntaash
Can you prepare this prescription for me?	**El tudná készíteni ezt a receptet nekem?**	æl **tood**naa **kay**seetænee æst o **ræt**sæptæt **næk**æm

DOCTOR, see page 137

Can I get it without a prescription?	**Megkaphatom recept nélkül?**	mægkophottawm rætsæpt naylkewl
Shall I wait?	**Megvárjam?**	mægvaaryom
Can I have a/an/some ...?	**Kaphatok ...?**	kophottawk
analgesic	**érzéstelenítőt**	ayrzayshtælæneetÿrt
antiseptic cream	**fertőtlenítő kenő-csöt**	færtÿrtlæneetÿr kænÿrchurt
aspirin	**aszpirint**	ospeereent
bandage	**kötszert**	kurtsært
elastic bandage	**rugalmas fáslit**	roogolmosh faashleet
Band-Aids	**sebtapaszt**	shæbtoppost
condoms	**óvszert**	ÿÿvsært
contraceptives	**fogamzásgátlót**	fawgomzaashgaatlÿÿwt
corn plasters	**tyúkszemirtót**	tᵞooksæmeertÿÿwt
cotton wool (absorbent cotton)	**vattát**	vot-taat
cough drops	**köhögés elleni cukorkát**	kurhurgaysh æl-lænee tsookawrkaat
disinfectant	**fertőtlenítőt**	færtÿrtlæneetÿrt
ear drops	**fülcseppeket**	fewlchæp-pækæt
Elastoplast	**sebtapaszt**	shæbtoppost
eye drops	**szemcseppet**	sæmchæp-pæt
first-aid kit	**elsősegély-ládát**	ælshÿrshægæyᵞ-laadaat
gauze	**gézt**	gayst
insect repellent	**rovarirtót**	rawvorreertawt
iodine	**jódot**	yaÿÿdawt
laxative	**hashajtót**	hoshhoytawt
mouthwash	**szájvizet**	saayveezæt
nose drops	**orrcseppet**	awrchæp-pæt
sanitary towels	**betétet**	bætaytæt
sleeping pills	**altatót**	oltottawt
suppositories	**kúpot**	koopawt
... tablets	**... tablettát**	... toblæt-taat
tampons	**tampont**	tompawnt
thermometer	**hőmérőt**	hÿÿmayrÿrt
throat lozenges	**torokfájás elleni cukorkát/negrót**	tawrawkfaayaash æl-lænee tsookawrkaat/nægraÿÿt
tranquillizers	**nyugtatót**	nᵞoogtottaÿÿwt
vitamin pills	**vitamint**	veetommeent

MÉREG	POISON
CSAK KÜLSŐLEG	FOR EXTERNAL USE ONLY

2—Toiletry *Kozmetikumok*

I'd like a/an/some ...	**Kérnék ...**	kayrnayk
acne cream	**pattanás elleni kenőcsöt**	pottonnaash æl-lænee kænūrchurt
after-shave lotion	**borotválkozás utáni arcszeszt**	bawrawtvaalkawzaash ootaanee orts-sæst
astringent	**timsót**	teemshāwt
bath salts	**fürdősót**	fewrdūrshāwt
blusher (rouge)	**rúzst**	ruuzht
bubble bath	**fürdőhabot**	fewrdūrhobbawt
cream	**krémet**	kraymæt
cleansing cream	**tisztító krémet**	teesteetāw kraymæt
foundation cream	**alapozót**	olloppawzāwt
moisturizing cream	**hidratáló krémet**	heedrottaalāw kraymæt
night cream	**éjszakai krémet**	ayᵛsokkoee kraymæt
cuticle remover	**bőreltávolítót**	būræltaavawleetawt
deodorant	**dezodort**	dæzawdawrt
depilatory cream	**szőrtelenítőt**	sūrtælæneetūrt
emery board	**egy körömreszelőt**	ædᵛ kurrurmræsælūrt
eyebrow pencil	**egy szemöldökce-ruzát**	ædᵛ sæmurldurktsæroo-zaat
eyeliner	**egy szemceruzát**	ædᵛ sæmtsæroozaat
eye shadow	**egy szemfestéket**	ædᵛ sæmfæshtaykæt
face powder	**egy púdert**	ædᵛ poodært
foot cream	**egy lábkenőcsöt**	ædᵛ laabkænurchūrt
hand cream	**egy kézkrémet**	ædᵛ kayskraymæt
lipsalve	**egy szőlőzsírt**	ædᵛ sūrlūrzheert
lipstick	**egy rúzst**	ædᵛ rōōzht
make-up remover pads	**make-up eltávolítót**	make-up æltaavawleetāwt
nail brush	**egy körömkefét**	ædᵛ kurrurmkæfayt
nail clippers	**egy körömollót**	ædᵛ kurrurmawlawt
nail file	**egy körömreszelőt**	ædᵛ kurrurmræsælūrt
nail polish	**egy körömlakkot**	ædᵛ kurrurmlokkawt
nail polish remover	**egy körömlakk lemosót**	ædᵛ kurrurmlokk læmaw-shāwt
nail scissors	**egy körömollót**	ædᵛ kurrurmawlāwt
perfume	**kölnit**	kurlneet
powder	**púdert**	pōōdært
powder puff	**egy púderpamacsot**	ædᵛ pōōdærpommochawt
razor	**egy borotvát**	ædᵛ bawrawtvaat
razor blades	**borotvapengét**	bawrawtvoppængayt
rouge	**egy rúzst**	ædᵛ rōōzht
safety pins	**biztosítótűt**	beestawsheetāwtēwt
shaving brush	**egy borotvapamacsot**	ædᵛ bawrawtvopommochawt

shaving cream	egy borotvakrémet	æd^y **baw**rawtvokraymæt
soap	szappant	**sop**pont
sponge	egy szivacsot	æd^y **see**vochawt
sun-tan cream	napozókrémet	**nop**pawzawkraymæt
sun-tan oil	napolajat	**nop**pawloyot
talcum powder	púdert	**poo**dært
tissues	papírzsebkendőt	**pop**peerzhæbkændūrt
toilet paper	W.C. papírt	**vayt**say poppeert
toilet water	kölnivizet	**kurl**neeveezæt
toothbrush	egy fogkefét	æd^y **fawg**kæfayt
toothpaste	egy fogkrémet	æd^y **fawg**kraymæt
towel	egy törülközőt	æd^y **tur**rewlkurzūrt
tweezers	egy csipeszt	æd^y **chee**pæst

For your hair   *Hajgondozáshoz*

barrette	egy hajcsatot	æd^y **hoy**chottawt
bobby pins	hajcsatokat	**hoy**chottawkot
colour shampoo	bemosó sampont	**bæ**mawshaw **shom**pawnt
comb	egy fésűt	æd^y **fay**shēwt
curlers	hajcsavarokat	**hoy**chovvorrawkot
dry shampoo	szárazsampont	**saar**oz-shompawnt
dye	hajfestéket	**hoy**fæshtaykæt
hairbrush	egy hajkefét	æd^y **hoy**kæfayt
hair gel	hajzselét	**hoy**zhælayt
hairgrips	hajcsatokat	**hoy**chotawkot
hair lotion	hajbalzsamot	**hoy**bolzhommawt
hairpins	hajtűket	**hoy**tēwkæt
hair slide	hajcsatot	**hoy**chottawt
hair spray	hajlakkot	**hoy**lokkawt
setting lotion	fixatőrt	**fee**xottūrt
shampoo	sampont	**shom**pawnt
for dry/greasy	száraz/zsíros	**saar**oz/**zhee**rawsh
(oily) hair	hajra	**hoy**ro
tint	festéket	**fæsh**taykæt
wig	egy parókát	æd^y **por**rāwkaat

For the baby   *A kisbabának*

baby food	bébiételt	**bay**bee-aytælt
dummy (pacifier)	egy cumit	æd^y **tsoo**meet
feeding bottle	egy cumisüveget	æd^y **tsoo**meeshewvægæt
nappies (diapers)	pelenkákat	**pæl**ænkaakot

Clothing   *Ruházkodás*

If you want to buy something specific, prepare yourself in advance. Look at the list of clothing on page 115. Get some idea of the colour, material and size you want. They're all listed on the next few pages.

General   *Általánosságok*

I'd like ...	**Szeretnék ...**	særæt nayk
I'd like ... for a 10-year-old boy/girl.	**Egy ...-t szeretnék 10 éves fiú/kislány részére.**	ædʸ ...-t særæt nayk teez ayvæsh feeoo/ keeshlaanʸ raysayræ
I'd like something like this.	**Valami ilyesmit szeretnék.**	vollommee eeyæshmeet særæt nayk
I like the one in the window.	**Az tetszik, ami a kirakatban van.**	oz tætseek ommee o keerokkotbon von
How much is that per metre?	**Mennyibe kerül métere?**	mænʸeebæ kærewl maytæræ

1 centimetre (cm) =	0.39 in.	1 inch =	2.54 cm
1 metre (m)	= 39.37 in.	1 foot =	30.5 cm
10 metres	= 32.81 ft.	1 yard =	0.91 m

Colour   *Szín*

I'd like something in ...	**Valami ... színűt szeretnék.**	vollommee ... seenēwt særæt nayk
I'd like a darker/ lighter shade.	**Valami sötétebbet/ világosabbat szeretnék.**	vollommee shurtaytæb-bæt/veelaagawshob-bot særæt nayk
I'd like something to match this.	**Valami ehhez illőt keresek.**	vollommee æh-hæz eel-lūrt kæræshæk
I don't like the colour.	**Nem tetszik a színe.**	næm tætseek o seenæ

NUMBERS, see page 147

English	Hungarian	Pronunciation
beige	drapp/beige	drop
black	fekete	fækætæ
blue	kék	kayk
brown	barna	borno
golden	aranyszínű	orronᵛseenēw
green	zöld	zurld
grey	szürke	sewrkæ
mauve	mályvaszínű	maaᵛvosseenēw
orange	narancssárga	noronch-shaargo
pink	rózsaszín	rāwzhosseen
purple	bordó	bawrdāw
red	piros	peerawsh
scarlet	skarlátvörös	shkorlaatvurrursh
silver	ezüstszínű	æzewshtseenēw
turquoise	türkiz	tewrkeez
white	fehér	fæhayr
yellow	sárga	shaargo
light ...	világos ...	veelaagawsh
dark ...	sötét ...	shurtayt

sima
(sheemo)

csíkos
(cheekawsh)

pöttyös
(purtᵛursh)

kockás
(kawtskaash)

mintás
(meentaash)

Fabric *Szövet*

Do you have anything in ...?	Van valami ...?	von vollommee
Is that ...?	Az ...?	oz
handmade	kéziszövésű	kayzeesurvayshēw
imported	import	eempawrt
made here	belföldi gyártású	bælfurldee dᵛaartaashoo
I'd like something thinner.	Valami vékonyabbat szeretnék.	vollommee vaykawnᵛob-bot særætnayk
Do you have anything of better quality?	Van valami jobb minőségű?	von vollommee yawb meenūrshaygēw

What's it made of?	**Miből készült?**	meebürl kaysewlt

cambric	**vászon**	vaasawn
camel-hair	**teveszőr**	tævæsürr
chiffon	**sifon**	sheefawn
corduroy	**kordbársony**	kawrdbaarshawnʸ
cotton	**pamut**	pommoot
crepe	**krepp**	kræp
denim	**pamutvászon**	pommootvaasawn
felt	**filc**	feelts
flannel	**flanel**	flonnæl
gabardine	**gabardin**	gobbordeen
lace	**csipke**	cheepkæ
leather	**bőr**	bürr
linen	**vászon**	vaasawn
poplin	**puplin/ballon**	poopleen/bollawn
satin	**szatén**	sottayn
silk	**selyem**	shæʸæm
suede	**antilopbőr**	onteelawpbürr
towelling	**frottír**	frawteer
velvet	**bársony**	baarshawnʸ
velveteen	**gyapjúbársony**	dʸopyōōbaarshawnʸ
wool	**gyapjú**	dʸopyōō
worsted	**kamgarn-szövet**	komgorn-survæt

Is it ...?	**Ez ...?**	æz
pure cotton/wool	**tiszta pamut/gyapjú**	teesto pommoot/dʸopyōō
synthetic	**szintetikus**	seentæteekoosh
colourfast	**színtartó**	sēēntortāw
crease resistant (wrinkle-free)	**gyűrődésmentes**	dʸēwrūrdayshmæntæsh
Is it hand washable/ machine washable?	**Kézzel/Géppel mosható?**	kayz-zæl/gayp-pæl mawsh-hottāw
Will it shrink?	**Összemegy?**	urs-sæmædʸ

Size *Méret*

I take size 38.	**38-as méretet hordok.**	38-osh mayrætæt hawrdawk
Could you measure me?	**Meg tudna mérni?**	mæg toodno mayrnee
I don't know the Hungarian sizes.	**Nem ismerem a magyar méreteket.**	næn eeshmæræm o modʸor mayrætækæt

Sizes can vary somewhat from one manufacturer to another, so be sure to try on shoes and clothing before you buy.

Women   *Nők*

Dresses/Suits					
American	8	10	12	14	16	18
British	10	12	14	16	18	20
Hungarian	36	38	40	42	44	46

Stockings						Shoes			
American }	8	8½	9	9½	10	10½	5½	6½	7½	8½
British	4		5		6	7				
Hungarian	0	1	2	3		4	5	37	38	39	40

Men   *Férfiak*

Suits/Overcoats							Shirts			
American } British	36	38	40	42	44	46	15	16	17	18
Hungarian	46	48	50	52	54	56	38	41	43	45

Shoes						
American } British	5	6	7	8	9	10	11
Hungarian	38	39	41	42	43	44	45

A good fit?   *Jó a méret?*

Can I try it on?	**Felpróbálhatom?**	fælprawbaalhottawm
Where's the fitting room?	**Hol a próbafülke?**	hawl o **prawb**offewlkæ
Is there a mirror?	**Van tükör?**	von **tew**kurr
It fits very well.	**Nagyon jól áll.**	nod^yawn yawl aal
It doesn't fit.	**Nem jó.**	næm yaw

NUMBERS, see page 147

It's too ...	Túl ...	tōōl
short/long	rövid/hosszú	rurveed/haws-sōō
tight/loose	szűk/bő	sēwk/būr
How long will it take to alter?	Mennyi ideig tart átalakítani?	mænYee eedæeeg tort aatollokkeetonnee

Clothes and accessories   *Ruhaneműk és kiegészítők*

I would like a/an/some ...	Szeretnék ...	særæetnayk
anorak	egy dzsekit	ædY dzhækeet
bathing cap	egy fürdősapkát	ædY fewrdūrshopkaat
bathing suit	egy fürdőruhát	ædY fewrdūrooraat
bathrobe	egy fürdőköpenyt	ædY fewrdūrkurpænYt
blouse	egy blúzt	ædY blōōzt
bow tie	egy csokornyakkendőt	ædY chawkawrnYok-kændūrt
bra	egy melltartót	ædy mæltortāwt
braces	egy nadrágtartót	ædY nodraagtortāwt
cap	egy sapkát	ædY shopkaat
cardigan	egy kardigánt	ædY kordeegaant
coat	egy kabátot	ædY kobbaatawt
dress	egy ruhát	ædY roohaat
with long sleeves	hosszú ujjút	haws-soo ooYyōōt
with short sleeves	rövid ujjút	rurveed ooYyōōt
sleeveless	ujjatlant	ooYyotlont
dressing gown	egy pongyolát	ædY pawndYawlaat
evening dress (woman's)	egy estélyi ruhát	ædY æshtayYee roohaat
girdle	egy övet	ædY urvæt
gloves	kesztyűt	kæstYēwt
handbag	egy táskát	ædY taashkaat
handkerchief	egy zsebkendőt	ædY zhæbkændūrt
hat	egy kalapot	ædY kolloppawt
jacket	egy zakót/blézert	ædY zokkawt/blayzært
jeans	egy farmert	ædY formært
jumper (Br.)	egy pulóvert	ædY poolawvært
kneesocks	egy pár térdzoknit	ædY paar tayrdzawkneet
nightdress	egy hálóinget	ædY haalaweengæt
overalls	egy overallt	ædY awværaalt
pair of ...	egy pár ...	ædY paar
panties	egy bugyit	ædY boodYeet
pants (Am.)	egy nadrágot	ædY nodraagawt
panty girdle	egy harisnyatartót	ædY horreeshnYottortāwt
panty hose	harisnyanadrágot	horreeshnYonnodraagawt

parka	egy dzsekit	æd^y dzhækeet
pullover	egy pulóvert	ædy poolāwvært
crew-neck	kereknyakú pulóvert	kærækn^yokkōō poolāwvært
polo (turtle)-neck	egy garbót	æd^y gorbāwt
V-neck	V-nyakú pulóvert	vay-n^yokkōō poolāwvært
pyjamas	egy pizsamát	æd^y peezhommaat
raincoat	egy esőkabátot	æd^y æshūrkobbaatawt
scarf	egy sálat	æd^y shaalot
shirt	egy inget	æd^y eengæt
shorts	egy sortot	æd^y shawrtawt
skirt	egy szoknyát	æd^y sawkn^yaat
slip	egy kombinét	æd^y kawmbeenayt
socks	egy pár zoknit	æd^y paar zawkneet
sportswear	sportöltözéket	shpawrturlturzaykæt
stockings	egy pár harisnyát	æd^y paar horreeshn^yaat
suit (man's)	egy öltönyt	æd^y urlturn^yt
suit (woman's)	egy kosztümöt	æd^y kawstewmurt
suspenders (Am.)	egy nadrágtartót	æd^y nodraagtortāwt
sweater	egy pulóvert	æd^y poolāwvært
sweatshirt	egy hosszúujjú pólót	æd^y haws-soo^yyōō pāwlāwt
swimming trunks	egy úszónadrágot	æd^y ōōsāwnodraagawt
swimsuit	egy fürdőruhát	æd^y fewrdūrroohaat
T-shirt	egy pólót	æd^y pāwlāwt
tie	egy nyakkendőt	æd^y n^yok-kændūrt
tights	egy pár harisnya-nadrágot	æd^y paar horreeshn^yo-nodraagawt
tracksuit	egy melegítőt	æd^y mælægheetūrt
trousers	egy nadrágot	æd^y nodraagawt
umbrella	egy esernyőt	æd^y æshærn^yūrt
underpants	egy alsónadrágot	æd^y olshāwnodraagawt
undershirt	egy atlétatrikót	æd^y otlaytotreekāwt
vest (Am.)	egy mellényt	æd^y mællayn^yt
vest (Br.)	egy atlétatrikót	æd^y otlaytotreekāwt
waistcoat	egy mellényt	æd^y mæl-layn^yt

belt	öv	urv
buckle	csat	chot
button	gomb	gawmb
collar	gallér	gol-layr
pocket	zseb	zhæb
press stud (snap fastener)	patentgomb	pottæntgawmb
zip (zipper)	cipzár	tseepzaar

Shoes *Cipő*

I'd like a pair of ...	**Egy pár ... szeretnék.**	ædʸ paar ... særætnayk
boots	**csizmát**	cheezmaat
lined/unlined	**bélelt/béleletlen**	baylælt/baylælætlæn
moccasins	**mokasszint**	mawkos-seent
plimsolls (sneakers)	**tornacipőt**	tawrnotseepūrt
sandals	**szandált**	sondaalt
shoes	**cipőt**	tseepūrt
flat	**lapossarkú**	loppawsh-shorkōō
with a heel	**magassarkú**	moggosh-shorkōō
with leather soles	**bőrtalpú**	būrrtolpōō
with rubber soles	**gumitalpú**	goomeetolpōō
slippers	**papucsot**	poppoochawt
These are too ...	**Ez túl ...**	æz tōōl
narrow/wide	**keskeny/széles**	kæshkænʸ/saylæsh
big/small	**nagy/kicsi**	noodʸ/keechee
Do you have a larger/smaller size?	**Van nagyobb/kisebb méretben?**	von nodʸawb/keeshæb mayrætbæn
Do you have the same in black?	**Van ugyanilyen feketében?**	von oodʸ onneeʸæn fækætaybæn
cloth	**vászonból**	vaasawnbāwl
leather	**bőrből**	būrrbūrl
rubber	**gumiból**	goomeebāwl
suede	**antilopbőrből**	onteelawpbūrrbūrl
Is it real leather?	**Ez valódi bőrből van?**	æz vollawdee būrrbūrl von
I need some shoe polish/shoelaces.	**Egy doboz cipőkrémet/Egy pár cipő-fűzőt kérek.**	ædʸ dawbawz tseepūrkray-mæt/ædʸ paar tseepūr-fēwzūrt kayræk

Shoes worn out? Here's the key to getting them fixed again:

Can you repair these shoes?	**Meg tudná javítani ezt a cipőt?**	mæg toodnaa yovveetonnee æst o tseepūrt
Can you stitch this?	**Meg tudja varrni?**	mæg toodyo vornee
I want new soles and heels.	**Új talpat és sarkat kérek.**	ōōʸ tolpot aysh shorkot kayræk
When will they be ready?	**Mikorra lesz készen?**	meekawr-ro læs kaysæn

COLOURS, see page 112

Electrical appliances   *Elektromos készülékek*

In Hungary, 220 volts, 50 cps, AC current is universal.
Plugs are different from American and British ones. Don't
forget to take an adaptor with you.

What's the voltage?	**Mennyi a feszültség?**	mæn^yee o fæsewltshayg
Do you have a battery for this?	**Van ebbe való elemük?**	von æb-bæ vollāw ælæmewk
This is broken. Can you repair it?	**Ez eltörött. Meg tudná javítani?**	æz ælturrurt. mæg toodnaa yovveetonnee
Can you show me how it works?	**Meg tudná mutatni hogy működik?**	mæg toodnaa moototnee hawd^y mewkurdeek
How do I switch it on?	**Hogy kell bekap-csolni?**	hawd^y kæl bækopchawlnee
I'd like (to hire) a video cassette.	**Szeretnék egy videokazettát (kölcsönözni).**	særætnayk æd^y veedæawkozzæt-taat (**kur**lchurnurznee)
I'd like a/an/some ...	**Szeretnék ...**	særætnayk
adaptor	**egy adaptert**	æd^y oddoptært
amplifier	**egy erősítőt**	æd^y ærūrsheetūrt
bulb	**egy villanykörtét**	æd^y veel-lon^ykurrtayt
clock-radio	**egy órás rádiót**	æd^y āwraash raadeeāwt
electric toothbrush	**egy elektromos fogkefét**	æd^y ælæktrawmawsh fawgkæfayt
extension lead (cord)	**egy hosszabbítót**	æd^y haws-sob-beetāwt
hair dryer	**egy hajszárítót**	æd^y hoysaareetāwt
headphones	**egy fülhallgatót**	æd^y fewlholgottāwt
(travelling) iron	**egy (utazó) vasalót**	æd^y (ootozzaw) vosholāwt
lamp	**egy lámpát**	æd^y laampaat
plug	**egy dugót**	æd^y doogāwt
portable ...	**hordozható ...**	hawrdawz-hottāw
radio	**egy rádiót**	æd^y raadeeāwt
car radio	**autórádiót**	o-ootawraadeeāwt
(cassette) recorder	**egy (kazettás) magnót**	æd^y (kozzæt-taash) mognāwt
record player	**egy lemezjátszót**	æd^y læmæzyaatsāwt
shaver	**egy borotvát**	æd^y bawrawtvaat
speakers	**hangfalakat**	hongfollokkot
(colour) television	**egy (színes) televíziót**	æd^y (seenæsh) tælæveezeeāwt
transformer	**egy transzformátort**	æd^y tronsfawrmaatawrt
video-recorder	**egy videomagnót**	æd^y veedæawmognāwt

Grocer's *Élelmiszerüzlet*

I'd like some bread, please.	**Kérek egy kenyeret.**	kayræk ædᵞ kænᵞæræt
What sort of cheese do you have?	**Milyen fajta sajt van?**	meeᵞæn foyto shoyt von
A piece of ...	**... kérek egy darabot.**	... kayræk ædᵞ dorrobbawt
that one	**Abból**	ob-bāwl
the one on the shelf	**Abból, ami a polcon van**	ob-bāwl ommee o pawltsawn von
I'll have one of those, please.	**Abból kérek egyet.**	ob-bāwl kayræk ædᵞæt
May I help myself?	**Kiszolgálhatom magam?**	keesawlgaalhottawm moggom
I'd like ...	**Kérek ...**	kayræk
a kilo of apples	**egy kiló almát**	ædᵞ keelāw olmaat
half a kilo of tomatoes	**egy fél kiló paradicsomot**	ædᵞ fayl keelāw porroddeechawmawt
100 g of butter	**10 dkg vajat**	10 dæka voyot
a litre of milk	**egy liter tejet**	ædᵞ leetær tæyæt
half a dozen eggs	**6 tojást**	hot tawyaasht
4 slices of ham	**4 szelet sonkát**	4 sælæt shawnkaat
a packet of tea	**egy csomag teát**	ædᵞ chawmog tæaat
a jar of jam	**egy üveg lekvárt**	ædᵞ ewvæg lækvaart
a tin (can) of peaches	**egy őszibarack konzervet**	ædᵞ ūrseeborrotsk kawnzærvæt
a tube of mustard	**egy tubus mustárt**	ædᵞ tooboosh mooshtaart
a box of chocolates	**egy doboz csokoládét**	ædᵞ dawbawz chawkawlaadayt

---

1 kilogram or kilo (kg.) = 1000 grams (g.)

100 g. = 3.5 oz.	½ kg. = 1.1 lbs.
200 g. = 7.0 oz.	1 kg. = 2.2 lbs.

1 oz. = 28.35 g.
1 lb. = 453.60 g.

---

1 litre (l.) = 0.88 imp. quarts = 1.06 U.S. quarts

1 imp. quart = 1.14 l.	1 U.S. quart = 0.95 l.
1 imp. gallon = 4.55 l.	1 U.S. gallon = 3.8 l.

FOOD, see also page 63

120

Household articles   *Háztartási cikkek*

bottle opener	**sörnyitó**	shurrn^yeetāw
bucket	**vödör**	vurdurr
can opener	**konzervnyitó**	kawnzærv^veetāw
candles	**gyertyák**	d^yært^yaak
clothes pegs	**ruhacsipeszek**	roohocheepæsæk
corkscrew	**dugóhúzó**	doogāwhōōzāw
food box	**ételdoboz**	aytældawbawz
frying pan	**serpenyő**	shærpæn^yūr
paper napkins	**papírszalvéta**	poppeersolvayto
paper towel	**papírtörölköző**	poppeerturrurlkurzūr
plastic bags	**nylon szatyor**	næ^ylawn sot^yawr
saucepan	**nyeles serpenyő**	n^yælæsh shærpæn^yūr
tea towel	**konyharuha**	kawn^yhorrooho
tinfoil	**alufólia**	olloofāwleeo
tin opener	**konzervnyitó**	kawnzærvn^yeetāw
vacuum flask	**termosz**	tærmaws
washing powder	**mosószer**	mawshāwsær
washing-up liquid	**mosogatószer**	mawshawgottāwsaer
hammer	**kalapács**	kolloppaach
nails	**szög**	surg
pliers	**fogó**	fawgāw
screws	**csavarok**	chovvorrawk
screwdriver	**csavarhúzó**	chovvorhōōzāw
spanner	**villáskulcs**	veel-laashkoolch
tools	**szerszámok**	særsaamawk

Crockery   *Edények*

cups	**csészék**	chaysayk
mugs	**bögrék**	burgrayk
plates	**tányérok**	taan^yayrawk
saucers	**kistányérok**	keeshtaan^yayrawk

Cutlery (Flatware)   *Evőeszköz*

forks	**villák**	veel-laak
knives	**kések**	kashæk
spoons	**kanalak**	konnollok
teaspoons	**kávéskanál**	kaavayshkonnaal
plastic	**műanyag**	mēwon^yog
stainless steel	**rozsdamentes acél**	rawzhdommæntæsh otsayl

Jeweller's — Watchmaker's   *Óra – Ékszerüzlet*

Could I see that, please?	**Megnézhetném azt?**	mægnayzhætnaym ost
Do you have anything in gold?	**Van aranyékszerük?**	von orron^yayksærewk
How many carats is this?	**Ez hány karátos?**	æz haan^y korraatawsh
Is this real silver?	**Ez ezüst?**	æz æzewsht
Can you repair this watch?	**Meg tudná javítani ezt az órát?**	mæg toodnaa yovveetonnee æst oz āwraat
I'd like a/an/some ...	... **szeretnék.**	... særætnayk
alarm clock	**Egy ébresztőórát**	æd^y aybræstūr-āwraat
bangle	**Egy karperecet**	æd^y korpærætsæt
battery	**Elemet**	ælæmæt
bracelet	**Egy karkötőt**	æd^y korkurtūrt
chain bracelet	**karláncot**	korlaantsawt
charm bracelet	**szerencsekarperecet**	særænchækorpærætsæt
brooch	**Egy brossot**	æd^y brawsh-shawt
chain	**Egy láncot**	æd^y laantsawt
charm	**Egy kabalát**	æd^y kobbollaat
cigarette case	**Egy cigarettatárcát**	æd^y tseegorræt-tottaar-tsaat
cigarette lighter	**Egy öngyújtót**	æd^y urnd^yōōˈtāwt
clip	**Egy melltűt**	æd^y mæltēwt
clock	**Egy faliórát**	æd^y folleeāwraat
cross	**Egy keresztet**	æd^y kæræstæt
cuckoo clock	**Egy kakukkos órát**	æd^y kokkook-kawsh āwraat
cuff links	**Mandzsettagombot**	mondzhæt-toggawmbawt
cutlery	**Evőeszközt**	ævūr-æskurst
earrings	**Fülbevalót**	fewlbævollāwt
gem	**Ékkövet**	aykkurvæt
jewel box	**Ékszeres dobozt**	ayksæræsh dawbawst
mechanical pencil	**Egy töltőceruzát**	æd^y turltūrtsæroozaat
music box	**Egy zenélő dobozt**	æd^y zænaylūr dawbawst
necklace	**Egy nyakláncot**	æd^y n^yoklaantsawt
pendant	**Egy függőt**	æd^y fewg-gūrt
pin	**Egy tűt**	æd^y tēwt
pocket watch	**Egy zsebórát**	æd^y zhæbāwraat
powder compact	**Egy púdertartót**	æd^y pōōdærtortāwt
propelling pencil	**Egy töltőceruzát**	æd^y turltūrtsæroozaat

ring	Egy gyűrűt	æd^y dewrewt
engagement ring	Egy eljegyzési gyűrűt	æd^y ælyæd^yzayshee dewrewt
signet ring	Egy pecsétgyűrűt	æd^y pæchaytd^yewrewt
wedding ring	Egy jegygyűrűt	æd^y yæd^yd^yewrewt
rosary	Egy rózsafűzért	æd^y rawzhoffewzayrt
silverware	Ezüst evőeszközt	æzewsht ævur-æskurst
tie clip	Egy nyakkendőcsíptetőt	æd^y n^yok-kændurcheeptæturt
tie pin	Egy nyakkendőtűt	æd^y n^yok-kændurtewt
watch	Egy órát	æd^y awraat
automatic	automata	o-ootawmotto
digital	digitális	deegheetaaleesh
quartz	quartz	kvorts
with a second hand	másodpercmutatóval	maashawdpærtsmoottotawvol
waterproof	vízálló	veezaal-law
watchstrap	Egy óraszíjat	æd^y awrosseeyot
wristwatch	Egy karórát	æd^y korrawraat

amber	borostyán	bawrawsht^yaan
amethyst	ametiszt	ommæteest
chromium	króm	krawm
copper	réz	rayz
coral	korall	kawrol
crystal	kristály	kreeshtaa^y
cut glass	csiszolt üveg	cheesawlt ewvæg
diamond	gyémánt	d^yaymaant
emerald	smaragd	shmorrogd
enamel	zománc	zawmaants
gold	arany	orron^y
gold plate	aranyozott	orron^yawzawt
ivory	elefántcsont	ælæfaantchawnt
jade	jáde	yaadæ
onyx	óniksz	awneeks
pearl	gyöngy	d^yurnd^y
pewter	ón	awn
platinum	platina	plotteeno
ruby	rubint	roobeent
sapphire	zafír	zoffeer
silver	ezüst	æzewsht
silver plate	ezüstözött	æzewshturzurt
stainless steel	rozsdamentes acél	rawzhdommæntæsh otsayl
topaz	topáz	tawpaaz
turquoise	türkiz	tewrkeez

Optician   *Látszerész*

I've broken my glasses.	Eltörött a szemüvegem.	ælturrurt o sæmewvægæm
Can you repair them for me?	Meg tudná nekem javítani?	mæg toodnaa nækæm yovveetonnee
When will they be ready?	Mikor lesz kész?	meekawr læs kays
Can you change the lenses?	Ki tudja cserélni a lencséket?	kee toodyo chæraylnee o lænchaykæt
I'd like tinted lenses.	Füstszínű lencsét szeretnék.	fewshtseenéw lænchayt særætnayk
The frame is broken.	Eltört a keret.	ælturrt o kæræt
I'd like a spectacle case.	Egy szemüvegtokot kérek.	ædᵞ sæmewvægtawkawt kayræk
I'd like to have my eyesight checked.	Szeretném, ha ellenőrizné a látásomat.	særætnaym ho æl-lænūr-reeznay o laataashawmot
I'm short-sighted/long-sighted.	Rövidlátó/Távollátó vagyok.	rurveedlaatāw/taavawl-laatāw vodᵞawk
I'd like some contact lenses.	Kontaktlencsét szeretnék.	kawntoktlænchayt særætnayk
I've lost one of my contact lenses.	Elvesztettem az egyik kontaktlencsémet.	ælvæstæt-tæm oz ædᵞeek kawntoktlænchaymæt
Could you give me another one?	Tudna odnee egy másikat?	toodno odnee ædᵞ maasheekot
I have hard/soft lenses.	Kemény/lágy lencsét hordok.	kæmaynᵞ/laadᵞ lænchayt hawrdawk
Do you have any contact-lens fluid?	Van kontaktlen-cséhez folyadékjuk?	von kawntoktlænnchayhæz fawᵞodaykyook
I'd like to buy a pair of sunglasses.	Napszemüveget szeretnék venni.	nopsæmewvægæt særætnayk væn-nee
May I look in a mirror?	Megnézhetem magam egy tükörben?	mægnayzhætæm moggom ædᵞ tewkurrbæn
I'd like to buy a pair of binoculars.	Látcsövet szeretnék venni.	laatchurvæt særætnayk væn-nee
How much do I owe you?	Mennyivel tartozom?	mænᵞeevæl tortawzawm

Photography   *Fényképészet*

I'd like a(an) ... camera.	**Egy ... fényképező-gépet szeretnék.**	æd^y ... fayn^ykaypæzūr-gaypæt særætnayk
automatic	**automata**	o-ootawmotto
inexpensive	**olcsó**	awlchāw
simple	**egyszerű**	æd^ysærēw
Can you show me some ..., please?	**Tudna mutatni ..., kérem?**	toodno moototnee ... kayræm
cine (movie) cameras	**filmfelvevőgépet**	feelmfælvævūrgaypæt
video cameras	**videokamerát**	veedæawkommæraat
I'd like to have some passport photos taken.	**Szeretnék útlevél-képet csináltatni.**	særætnayk ōōtlævayl-kaypæt cheenaaltotnee

Film   *Film*

I'd like a film for this camera.	**Ehhez a fényképező-géphez kérek filmet.**	æh-hæz o fany^ykaypæzūr-gayphæz kayræk feelmæt
black and white	**fekete-fehér**	fækætæ-fæhayr
colour	**színes**	seenæsh
colour negative	**színes negatív**	seenæsh nægotteev
colour slide	**színes dia**	seenæsh deeo
cartridge	**filmpatron**	feelmpotrawn
roll film	**tekercs film**	tækærch feelm
video cassette	**video kazetta**	veedæaw kozzæt-to
24/36 exposures	**huszonnégy/ harminchat képes**	hoosawn-nayd^y/hor-meentshot kaypæsh
this size	**ez a méret**	æz o mayræt
this ASA/DIN number	**ez az ASA/DIN szám**	æz oz osho/deen saam
artificial light type	**mesterséges fényhez**	mæshtærshaygæsh fayn^yhæz
daylight-type	**nappali fényhez**	nop-pollee fayn^yhæz
fast (high-speed)	**nagyérzékenységű**	nod^yayrzaykæn^yshaygēw
fine grain	**finomszemcsés**	feenawmsæmchaysh

Processing   *Előhívás*

How much do you charge for processing?	**Mennyibe kerül előhívatni?**	mæn^yeebæ kærewl ælūrheevotnee

I'd like ... prints of each negative.	... képet kérek minden negatívról.	... kaypæt kayræk meendæn nægotteevrāwl
with a mat finish	matt kikészítéssel	mot keekayseetaysh-shæl
with a glossy finish	fényes kikészítéssel	fayn^yæsh keekayseetaysh-shæl
Will you enlarge this, please?	Kinagyítaná ezt?	keenod^yeetonnaa æst
When will the photos be ready?	Mikorra lesznek készen a fényképek?	meekawr-ro læsnæk kaysæn o fayn^ykaypæk

Accessories and repairs   *Alkatrészek és javítások*

I'd like a/an/some ...	Szeretnék ...	særæthayk
battery	elemet	ælæmæt
cable release	egy kábeles kioldót	æd^y kaabælæsh keeawldawt
camera case	egy fényképezőgép tokot	æd^y fayn^ykaypæzūrgayp tawkawt
filter	egy szűrőt	æd^y sewrūrt
for black and white	fekete-fehér	fækætæ-fæhayr
for colour	színes	seenæsh
flash	egy vakut	æd^y vokkoot
lens	egy lencsét	æd^y lænchayt
telephoto lens	teleobjektívot	tælæawbyækteevawt
wide-angle lens	nagy látószögű lencsét	nod^y laatawsurgēw lænchayt
lens cap	egy lencsefedőt	æd^y lænchæfædūrt
Can you repair this camera?	Meg tudja javítani ezt a fényképezőgépet?	mæg toodyo yovveetonnee æst o fayn^ykaypæzūr-gaypæt
The film is jammed.	Megakadt a film.	mægokkodt a feelm
There's something wrong with the ...	Nem működik a ...	næm mēwkurdeek o
exposure counter	kioldásszámláló	keeawldaash-saamlaalāw
film winder	filmtekercselő	feelmtækærchælūr
flash attachment	vaku	vokkoo
lens	lencse	lænchæ
light meter	fénymérő	fayn^ymayrūr
rangefinder	távolságmérő	taavawlshaagmayrūr
shutter	zár	zaar

NUMBERS, see page 147

Tobacconist's *Dohánybolt*

Cigarettes, cigars and tobacco are on sale in *Dohánybolt*
(**daw**haan^ybawlt) and *Trafik* (**tro**ffeek) shops, in all *ÁBC*
(**aa**baytsay) and other department stores, and at most hotel
counters. Intertourist branches also sell smokers' supplies,
including foreign brands of cigarettes, against hard currency.

A packet of cigarettes, please.	**Egy csomag cigarettát kérek.**	æd^y chawmog tseegorrættaat kayræk
Do you have any American/English cigarettes?	**Van amerikai/angol cigarettájuk?**	von ommæreekoee/ongawl tseegorræt-taayook
I'd like a carton.	**Kérek egy kartonnal.**	kayræk æd^y kortawn-nol
Give me a/some ..., please.	**... kérek.**	... kayræk
candy	**Cukorkát**	tsookawrkaat
chewing gum	**Rágógumit**	raagāwgoomeet
chewing tobacco	**Dohányt**	dawhaan^yt
chocolate	**Csokoládét**	chawkawlaadayt
cigarette case	**Egy cigarettatárcát**	æd^y tseegorræt-to taartsaat
cigarette holder	**Egy cigaretta szipkát**	æd^y tseegorræt-to seepkaat
cigarettes	**Cigarettát**	tseegorræt-taat
filter-tipped/	**filteres/**	feeltæræsh/
without filter	**filter nélküli**	feeltær naylkewlee
light/dark tobacco	**Könnyű/Erős**	kurn^yēw/ærūrsh
	dohányt	dawhaan^yt
mild/strong	**gyenge/erős**	d^yængæ/ærūrsh
menthol	**mentolos**	mæntawlawsh
king-size	**hosszú**	haws-sōō
cigars	**szivart**	seevort
lighter	**öngyújtót**	urnd^yōōytāwt
lighter fluid/gas	**öngyújtó benzint/**	urnd^yōōytāw bænzeent/
	gázt	gaast
matches	**Gyufát**	d^yoofaat
pipe	**Pipát**	peepaat
pipe cleaners	**Pipatisztítót**	peepotteesteetāwt
pipe tobacco	**Pipadohányt**	peepoddawhaan^yt
pipe tool	**pipapiszkálót**	peepoppeeskaalāwt
postcard	**Képeslapot**	kaypæshloppawt
snuff	**Tubákot**	toobaakawt
stamps	**Bélyeget**	bay^yægæt
sweets	**Cukorkát**	tsookawrkaat
wick	**Kanócot**	konnāwtsawt

Miscellaneous   *Vegyes*

Souvenirs   *Souvenir*

Hungary is a land full of fascination for souvenir- and gift-hunters. Throughout the country the ancient traditions of woodcarving, embroidery, weaving, pottery and other folk arts are alive and flourishing. Modern designs are found alongside age-old motifs.

Other good buys include records and tapes, antiques and books, not forgetting the excellent local wines, fruit brandies and foodstuffs.

art book	művészeti könyv	mēwvaysætee kurn^yv
carpet	szőnyeg	sūrn^yæg
embroidered blouse	hímzett blúz	heemzæt blōōz
embroidered pillow	hímzett párna	heemzæt paarno
embroidered table-cloth	hímzett asztal-terítő	heemzæt ostol-tæreetūr
embroidery	hímzés	heemzaysh
folk art shop	népművészeti bolt	naypmēwvaysætee bawlt
folk music	népzene	naypzænæ
fruit brandy	gyümölcspálinka	d'ewmurlchpaaleenko
apricot brandy	barackpálinka	borrotskpaaleenko
cherry brandy	cseresznyepálinka	chæræsn^yæpaaleenko
plum brandy	szilvapálinka	seelvoppaaleenko
handwoven articles	szőttesek	sūrtæshæk
Herend china	herendi porcelán	hærændee pawrtsælaan
Hungarian literature (in English)	magyar irodalom (angolul)	mod^yor eerawdollawm (ongawlool)
pottery	cserépedények	chæraypædayn^yæk
rug	szőnyeg	sūrn^yæg
salami	téliszalámi	tayleesollaamee
Tokay wine	tokaji bor	tawkoyee bawr
wood-carving	fafaragás	fofforroggaash

Records — Cassettes   *Lemezek – Kazetták*

I'd like a ...	Szeretnék ...	særætnayk
cassette	egy kazettát	æd^y kozzæt-taat
video cassette	egy videokazettát	æd^y veedæawkozzæt-taat
compact disc	egy CD lemezt	æd^y tsayday læmæst
record	egy lemezt	æd^y læmæst

L.P. (33 rpm)	nagylemez	nod^ylæmæz
E.P. (45 rpm)	kislemez	keeshlæmæz

Do you have any records by ...?	Van ... lemezük?	von ... læmæzewk
Can I listen to this record?	Meghallgathatom ezt a lemezt?	mægholgothottawm æst o læmæst
chamber music	kamara zene	kommorro zænæ
classical music	klasszikus zene	klosseekoosh zænæ
folk music	népzene	naypzænæ
folk song	népdal	naypdol
instrumental music	hangszeres zene	hongsæræsh zænæ
jazz	dzsessz	dzhæs
light music	könnyűzene	kurnn^yēwzænæ
orchestral music	zenekari zene	zænækorree zænæ
pop music	popzene	pawpzænæ

Toys *Játékok*

I'd like a toy/game ...	Valami játékot szeretnék ...	vollommee yaataykawt særætnayk
for a boy	egy kisfiúnak	æd^y keeshfeeōōnok
for a 5-year-old girl	egy öt éves kislánynak	æd^y urt ayvæsh keeshlaan^ynok
(beach) ball	(strand) labda	(shtrond) lobdo
board game	társasjáték	taarshoshyaatayk
bucket and spade (pail and shovel)	kisvödör lapáttal	keeshvurdurr loppaat-tol
building blocks (bricks)	építőkocka	aypēētūrkawtsko
card game	játékkártya	yaatayk-kaart^yo
chess set	sakk	shok
colouring book	kifestő	keefæshtūr
doll	baba	bobbo
electronic game	elektromos játék	ælæktrawmawsh yaatayk
roller skates	görkorcsolya	gurrkawrchaw^yo
skateboard	gördeszka	gurrdæsko
snorkel	búvárpipa	bōōvaarpeepo
story book	meséskönyv	mæshayshkurn^yv
toy car	játékautó	yaatayko-ootaw
video game	videós játék	veedæaawsh yaatayk

Your money: banks — currency

The basic unit of currency is the *Forint* (**faw**reent), abbreviated *Ft*. It is divided into 100 *fillér* (**feel**layr), *f*. Below are listed the different banknotes and coins in circulation:

Banknotes: 10, 20, 50, 100, 500 and 1000 Forints.
Coins: 10, 20 and 50 fillérs; 1, 2, 5, 10 and 20 Forints.

Visitors may take any amount of foreign currency or traveller's cheques into or out of the country, but the import and export of local currency is limited to Ft 100 in coins and/or banknotes.

Note that there are restrictions on the amount of forints that may be exchanged when leaving the country. You can change back up to 50 per cent of the originally exchanged sum. To reconvert forints into foreign currency when leaving Hungary, you must show the relevant receipt. Remember to take your passport with you, and be sure to keep all receipts.

Most internationally recognized traveller's cheques and credit cards are accepted by official currency exchange agencies. Many tourist-oriented establishments (hotels, restaurants, shops, etc.) also take them, just look for the signs on the door.

Official foreign exchange facilities can be found at: branches of the Hungarian National Bank *(Magyar Nemzeti Bank)*, the National Savings Bank *(Országos Takarékpénztár – O.T.P.)*, travel agencies, tourist offices, and some hotels. Some staff usually speak English or German.

Banking hours are usually from 9 a.m. to 5 p.m., Monday to Friday, and 9 a.m. to 2 p.m. on Saturdays.

Where's the nearest bank?	**Hol a legközelebbi bank?**	hawl o **læg**kurzælæb-bee bonk
Where's the nearest currency exchange office?	**Hol a legközelebbi valutabeváltó hely?**	hawl o **læg**kurzælæb-bee vollootobbævaaltāw hæ^y

At the bank   *A bankban*

I'd like to change some dollars/pounds.	**Dollárt/Fontot szeretnék beváltani.**	dawl-laart/**fawn**tawt særætnayk bævaaltonnee
I'd like to cash a traveller's cheque.	**Traveller's csekket szeretnék beváltani.**	trovvæl-lærs **chæk**-kæt særætnayk bævaaltonnee
What's the exchange rate?	**Mi az átváltási árfolyam?**	mee oz **aat**vaaltaashee aarfaw^yom
How much commission do you charge?	**Mennyi az átváltási jutalék?**	mæn^yee oz **aat**vaaltaashee yootollayk
Can you cash this cheque?	**Beváltaná ezt a csekket?**	bævaaltonnaa æst o chæk-kæt
Can you telex my bank in London?	**Telexeznének Londonba a bankomnak?**	tælæxæznaynæk **lawn**dawnbo o **bon**kawmnok
I have a/an/some ...	**... van.**	... von.
credit card	**Hitelkártyám**	heetælkaart^yaam
Eurocheques	**Eurocsekkem**	æoorawchæk-kæm
letter of credit	**Hitellevelem**	heetællævælæm
I'm expecting some money from New York. Has it arrived?	**New Yorkból várok pénzt. Megérkezett?**	n^yoo yawrkbāwl vaarawk paynst. mægayrkæzæt
Please give me ... notes (bills) and some small change.	**Kérek ... bankjegyet és a többit apróban.**	kayræk ... **bon**kyæd^yæt aysh o **turb**-beet oprāwbon
Give me ... large notes and the rest in small notes.	**Nagy címletekben kérek ..., a többit kis címletekben.**	nod^y tsēēmlætækbæn kayræk ... o **turb**-beet keesh tsēēmlætækbæn

Deposits—Withdrawals   *Letét—Pénzfelvétel*

I'd like to ...	**Szeretnék ...**	særætnayk
open an account	**bankszámlát nyitni**	bonksaamlaat n^yeetnee
withdraw ... forints	**forintot kivenni**	fawreentawt keevæn-nee
Where should I sign?	**Hol írjam alá?**	hawl ēēryom ollaa
I'd like to pay this into my account.	**Szeretném ezt befizetni a bankszámlámra.**	særætnaym æst bæfeezætnee o **bonk**saamlaamro

NUMBERS, see page 147

Business terms *Üzleti kifejezések*

My name is ...	... vagyok.	... vod^yawk
Here's my card.	**Tessék a névjegyem.**	tæsh-shayk o nayvyæd^yæm
I have an appointment with ...	**Megbeszélt találkozóm van ...-val/-vel.**	mægbæsaylt tollaalkawzāwm von ...-vol/-væl
Can you give me an estimate of the cost?	**Hozzávetőlegesen meg tudná adni a költségeket?**	hawz-zaavætūrlægæshæn mæg toodnaa odnee o kurltshaygækæt
What's the rate of inflation?	**Hány százalékos az infláció?**	haan^y saazollaykawsh oz eenflaatseeāw
Can you provide me with an interpreter/ a secretary?	**Tudna nekem egy tolmácsot/titkárnőt biztosítani?**	toodno nækæm æd^y tawlmaachawt/teetkaarnūrt beestawshēētonnee
I need a translation.	**Szükségem van egy fordításra.**	sewkshaygæm von æd^y fawrdēētaashro
Where can I make photocopies?	**Hol lehet fénymásolni?**	hawl læhæt fayn^ymaashawlnee

amount	összeg	urs-sæg
balance	mérleg	mayrlæg
capital	tőke	tūrkæ
cheque	csekk	chæk
contract	szerződés	særzūrdaysh
credit	hitel	heetæl
discount	árengedmény	aarængædmayn^y
expenses	költségek	kurltshaygæk
interest	kamat	kommot
investment	befektetés	bæfæktætaysh
invoice	számla	saamlo
loan	kölcsön	kurlchurn
loss	veszteség	væstæshayg
market	piac	peeots
mortgage	jelzálog	yælzaalawg
payment	fizetés/fizettség	feezætaysh/feezætshayg
percentage	százalék	saazollayk
profit	profit	prawfeet
purchase	vétel	vaytæl
sale	eladás	æloddaash
share	részvény	raysvayn^y
transfer	átutalás	aatootollaash
value	érték	ayrtayk

At the post office

Hungarian post offices *(posta)* are usually open from 8 a.m. to 5 p.m., Monday to Friday, and until noon or 1 p.m. on Saturdays. Main post offices operate from 7 a.m. until 8 p.m., Monday to Saturday.

Post offices handle mail, telephone, telegraph and telex services, but not international money transfers. Stamps *(bélyeg)* can also be bought at tobacconists or where post-cards are sold. Postboxes are painted red and usually decorated with a hunting horn.

In Budapest, a modern international telecommunications centre with all telephone, telegraph, telex and telefax services operates at the corner of Petőfi Sándor utca and Martinelli tér.

Where's the nearest post office?	**Hol a legközelebbi posta?**	hawl o læegkurzælæb-bee pawshto
What time does the post office open/close?	**Mikor nyit/zár a posta?**	meekawr n^yeet/zaar o pawshto
A stamp for this letter/postcard, please.	**Erre a levélre/képeslapra kérek bélyeget.**	ær-ræ o laevaylræ/kaypæshlopro kayræk bay^yægæt
A ...-Ft stamp, please.	**Egy ... forintos bélyeget kérek.**	æd^y ... fawreentawsh bay^yægæt kayræk
What's the postage for a letter to London?	**Hány forintos bélyeg kell egy levélre Londonba?**	haan^y fawreentawsh bay^yæg kæl æd^y læevaylræ lawndawnbo
What's the postage for a postcard to Los Angeles?	**Mennyi a posta-költség egy képes-lapra Los Angelesbe?**	mæn^yee o pawshtok-kurltshayg æd^y kaypæsh-lopro laws ondzhælæsbæ
Where's the letter box (mailbox)?	**Hol van a postaláda?**	hawl von o pawshtollaado
I'd like to send this parcel abroad.	**Ezt a csomagot szeretném feladni külföldre.**	æst o chawmoggawt sæærætnaym fælodnee kewlfurldræ

I'd like to send this (by) ...	Szeretném ezt ... feladni.	særætnaym æst ... fælodnee
airmail	légipostán	laygheepawshtaan
express (special delivery)	expressz	æxpræss
registered mail	ajánlva	oyaanlvo
Where's the poste restante (general delivery)?	Hol a "poste restante" szolgálat?	hawl o pawst ræstont sawlgaalot
Is there any post (mail) for me? My name is ...	Van a számomra posta? ... vagyok.	von o saamawmro pawshto. ... vod^yawk

---

BÉLYEG	STAMPS
CSOMAGFELADÁS	PARCELS
PÉNZBEFIZETÉS	MONEY ORDERS

Telegrams – Telex – Fax   *Táviratok – Telex – Fax*

In Hungary telegrams are dispatched by the post office. You can send telexes and faxes from the telecommunications centre at the corner of Petőfi Sándor utca and Martinelli tér.

I'd like to send a telegram/telex.	Szeretnék egy táviratot/telexet feladni.	særætnayk æd^y taaveerottawt/tælæxæt fælodnee
I'd like to send a fax.	Szeretnék egy telefaxot küldeni.	særætnayk æd^y tælæfoxawt kewldænee
May I have a form, please?	Kaphatnék egy űrlapot?	kophotnayk æd^y ēwrloppawt
How much is it per word?	Mennyibe kerül egy szó?	mæn^yeebæ kæerewl æd^y sāw
How long will a telegram to Boston take?	Mennyi idő alatt ér egy távirat Bostonba?	mæn^yee eedūr ollot ayr æd^y taaveerot bawstawnbo
How much will this telex cost?	Mennyibe kerül ez a telex?	mæn^yeebæ kæerewl æz o tælæx

Telephone *Telefon*

Local calls can be made from yellow or grey public telephones, while international or long-distance calls can be made from phone boxes with red phones. Illustrated instructions are posted, but if you need any help, go to the post office or ask at your hotel. Some hotels in the countryside don't have a direct dialling code, so to phone them you have to go to the post office. All public telephones are coin operated.

Where's the telephone?	**Hol van a telefon?**	hawl von o tælæfawn
Where's the nearest telephone booth?	**Hol van a legköze-lebbi telefonfülke?**	hawl von o lægkurzæ-læb-bee tælæfawnfewlkæ
May I use your phone?	**Használhatom a telefonját?**	hosnaalhottawm o tælæfawnyaat
Do you have a telephone directory for ...?	**Van ...-i telefon-könyvük?**	von ...-ee tælæfawn-kurnᵞvewk
I'd like to call ... in England.	**Angliába szeretnék telefonálni ...-nak.**	ongleeaabo særætnayk tælæfawnaalnee ...-nok
What's the dialing (area) code for ...?	**Mi ... hívószáma?**	mee ... hēēvāwsaamo
Can I dial direct?	**Lehet közvetlenül tárcsázni?**	læhæt kurzvætlænewl taarchaaznee
How do I get the international operator?	**Mi a nemzetközi központ száma?**	mee o næmzætkurzee kurzpawnt saamo

Operator *Központ*

Good morning, I'd like London 5234567.	**Jó reggelt, kérem a London 5234567-es számot.**	yāw rægælt kayræm o lawndawn 5234567-æsh saamawt
Can you help me get this number?	**Tudná kapcsolni ezt a számot?**	toodnaa kopchawlnee æst o saamawt
Could you give me the number of ...?	**Meg tudná adni ... számát?**	mæg toodnaa odnee ... saamaat

NUMBERS, see page 147

| I'd like to reserve the charges (call collect). | **R-beszélgetést szeretnék.** | ær-bæsaylgætaysht særætnayk |

Speaking *Telefonbeszélgetés*

Hello. This is ...	**Halló, itt ... beszél.**	hol-lāw eet ... bæsayl
I'd like to speak to ...	**...-val/-vel szeretnék beszélni.**	...-vol/-væl særætnayk bæsaylnee
Is ... there?	**... ott van?**	... awt von
Extension ...	**A ... melléket kérem.**	o ... mæl-laykæt kayræm
Who's speaking?	**Ki beszél?**	kee bæsayl
Speak louder/more slowly, please.	**Legyen szíves hangosabban/ lassabban beszélni.**	lædᵞæn sēēvæsh hongawshob-bon/ losh-shob-bon bæsaylnee

Bad luck *Sikertelen hívás*

Would you try again later, please?	**Kérem, legyen szíves később újra próbálni.**	kayræm lædᵞæn sēēvæsh kayshūrb ōōyro prāwbaalnee
Operator, you gave me the wrong number.	**Központ! Rossz számot adott meg.**	kurzpawnt. raws saamawt oddawt mæg
Operator, we were cut off.	**Központ! Megszakadt a vonal.**	kurzpawnt. mægsokkodt o vawnol

Telephone alphabet *Betűzés*

A	**Aladár**	olloddaar	N	**Nándor**	naandawr
Á	**Ágota**	aagawto	O	**Olga**	awlgo
B	**Balázs**	bollaazh	Ö	**Ödön**	urdurn
C	**Cecília**	tsætsēēleeo	P	**Péter**	paytær
D	**Dénes**	daynæsh	Q	**Kú**	kōō
E	**Erzsébet**	ærzhaybæt	R	**Róbert**	rāwbært
É	**Éva**	ayvo	S	**Sándor**	shaandawr
F	**Ferenc**	færænts	T	**Tivadar**	teevoddor
G	**Gábor**	gaabawr	U	**Ubul**	oobool
H	**Helén**	hælayn	Ü	**Üröm**	ewrurm
I	**Ilona**	eelawno	V	**Vilma**	veelmo
J	**József**	yāwzhæf	W	**duplavé**	dooplovvay
K	**Károly**	kaarawᵞ	X	**iksz**	eeks
L	**László**	laaslāw	Y	**ipszilon**	eepseelawn
M	**Mónika**	māwneeko	Z	**Zorán**	zawraan

Not there *Nincs ott ...*

When will he/she be back?	**Mikor jön vissza?**	meekawr yurn vees-so
Will you tell him/her I called? My name is ...	**Kérem, mondja meg neki, hogy kerestem. ...vagyok.**	kayræm mawndyo mæg nækee hawd^y kæræshtæm. ... vod^yawk
Would you ask him/her to call me?	**Megmondaná, hogy hívjon vissza?**	mægmawndonnaa hawd^y hēēvyawn vees-so
My number is ...	**A telefonszámom ...**	o tælæfawnsaamawm
Would you take a message, please?	**Átadna kérem egy üzenetet?**	aatodno kayræm æd^y ewzænætæt
I'll call back later.	**Később visszahívom.**	kayshūrb vees-so-hēē-vawm

Charges *Költségek*

How much do I pay for the call?	**Mennyibe kerül a beszélgetés?**	mæn^yeebæ kærewl o bæsaylgætaysh
I'd like to pay for the call.	**Ki szeretném fizetni a telefonbeszélgetést.**	kee særætnaym feezætnee o tælæfawnbæsaylgætaysht

Önt keresik telefonon.	There's a telephone call for you.
Milyen számot hívott?	What number are you calling?
Foglalt a vonal.	The line's engaged.
Nem veszik fel.	There's no answer.
Téves számot hívott.	You've got the wrong number.
Nem működik a telefon.	The phone is out of order.
Egy pillanat.	Just a moment.
Kérem, tartsa a vonalat.	Hold on, please.
Jelenleg nincs itt.	He's/She's out at the moment.

Doctor

The Hungarian National Health Service is well equipped to handle any unexpected problems. Whereas you have to pay for medical examinations and treatment (which is normally covered by your health insurance), emergency first-aid is free of charge. Many Hungarian doctors and dentists also have private practices.

General   *Általánosságok*

Can you get me a doctor?	**Tudna hívni nekem egy orvost?**	toodno hēēvnee nækæm æd^y awrvawsht
Is there a doctor here?	**Van itt orvos?**	von eet **awrvawsh**
I need a doctor, quickly.	**Orvosra van szükségem azonnal.**	**awr**vawshro von **sewk**shaygæm ozzawn-nol
Where can I find a doctor who speaks English?	**Hol találok angolul beszélő orvost?**	hawl tollaalawk ongawlool bæsaylūr **awr**vawsht
Where's the surgery (doctor's office)?	**Hol az orvosi rendelő?**	hawl oz **awr**vawshee rændælūr
What are the surgery (office) hours?	**Mikor van rendelés?**	meekawr von rændælaysh
Could the doctor come to see me here?	**Ki tudna jönni hozzám az orvos?**	kee toodno yurn-nee **hawz**zaam oz **awr**vawsh
What time can the doctor come?	**Mikor tudna jönni az orvos?**	meekawr toodno yurn-nee oz **awr**vawsh
Can you recommend a/an ...?	**Tudna ajánlani egy ...?**	toodno oyaanlonnee æd^y
general practitioner	**általános orvost**	aaltollaanawsh **awr**vawsht
children's doctor	**gyermekorvost**	d^yærmækawrvawsht
eye specialist	**szemészt**	sæmayst
gynæcologist	**nőgyógyászt**	nūrd^yāwd^yaast
Can I have an appointment ...?	**Fogadna ...?**	**faw**godno
tomorrow	**holnap**	**hawl**nop
as soon as possible	**amint lehet**	ommeent læhæt

CHEMIST'S, see page 107

Parts of the body   *Testrészek*

appendix	**vakbél**	vokbayl
arm	**kar**	kor
back	**hát**	haat
bladder	**hólyag**	hāw‌ʸog
bone	**csont**	chawnt
bowel	**bél**	bayl
breast	**mell**	mæl
chest	**mellkas**	mælkosh
ear	**fül**	fewl
eye(s)	**szem(ek)**	sæm(æk)
face	**arc**	orts
finger	**ujj**	oo‌ʸ
foot	**lábfej**	laabfæ‌ʸ
genitals	**nemi szervek**	næmee særvæk
gland	**mirigy**	meereed‌ʸ
hand	**kéz**	kayz
head	**fej**	fæ‌ʸ
heart	**szív**	sēēv
jaw	**állkapocs**	aalkoppawch
joint	**ízület**	ēēzewlæt
kidney	**vese**	væshæ
knee	**térd**	tayrd
leg	**láb**	laab
lip	**ajak**	o-yok
liver	**máj**	maa‌ʸ
lung	**tüdő**	tewdūr
mouth	**száj**	saa‌ʸ
muscle	**izom**	eezawm
neck	**nyak**	n‌ʸok
nerve	**ideg**	eedæg
nervous system	**idegrendszer**	eedægrændsær
nose	**orr**	awr
rib	**borda**	bawrdo
shoulder	**váll**	vaal
skin	**bőr**	būrr
spine	**gerinc**	gæreents
stomach	**gyomor**	d‌ʸawmawr
tendon	**ín**	ēēn
thigh	**comb**	tsawmb
throat	**torok**	tawrawk
thumb	**hüvelykujj**	hewvæ‌ʸkooy
toe	**lábujj**	laaboo‌ʸ
tongue	**nyelv**	n‌ʸælv
tonsils	**mandulák**	mondoolaak
vein	**ér, véna**	ayr, vayno

Accident—Injury   *Baleset—Sérülés*

There's been an accident.	**Baleset történt.**	bollæshæt turrtaynt
My child has had a fall.	**Elesett a gyerekem.**	ælæshæt o dᵞærækæm
He/She has hurt his/her head.	**Megütötte a fejét.**	mægewtturttæ o fæyayt
He's/She's unconscious.	**Elvesztette az eszméletét.**	ælvæstæættæ oz æsmaylætayt
He's/She's bleeding (heavily).	**(Nagyon) Vérzik.**	(nodᵞawn) vayrzeek
He's/She's (seriously) injured.	**(Súlyosan) Megsérült.**	(shōōyawshon) mægshayrewlt
His/Her arm is broken.	**Eltört a karja.**	ælturrt o koryo
His/Her ankle is swollen.	**Bedagadt a bokája.**	bædoggot o bawkaayo
I've been stung.	**Megcsípett valami.**	mægchēēpæt vollommee
I've got something in my eye.	**Valami belement a szemembe.**	vollommee bælæmænt o sæmæmbæ
I've got a/an ...	**Van egy ...**	von ædᵞ ...
blister	**vízhólyagom**	vēēzhāwyoggawm
boil	**kelésem**	kælayshæm
bruise	**zúzódásom**	zōōzāwdaashawm
burn	**égési sebem**	aygayshee shæbæm
cut	**vágásom**	vaagaashawm
graze	**horzsolásom**	hawrzhawlaashawm
insect bite	**rovarcsípésem**	rawvorchēēpayshæm
lump	**csomóm**	chawmāwm
sting	**csípésem**	chēēpayshæm
swelling	**duzzanatom**	doozzonnottawm
wound	**sebem**	shæbæm
I've got a rash.	**Kiütéses vagyok.**	kee-ewtayshæsh vodᵞawk
Could you have a look at it?	**Megvizsgálná?**	mægveezhgaalnaa
I can't move my ...	**Nem tudom mozgatni a ...**	næm toodawm mawzgotnee o
It hurts.	**Fáj.**	faay

Ne mozogjon.	Don't move.
Hol fáj?	Where does it hurt?
Milyen fájdalmat érez?	What kind of pain is it?
tompa/éles/lüktető	dull/sharp/throbbing
állandó/változó	constant/on and off
	It's ...
Eltörött/Kificamodott	broken/sprained
Kiugrott/Elszakadt	dislocated/torn
Meg kell röntgenezni.	I'd like you to have an X-ray.
Meghúzódott/Megsérült egy izma.	You've pulled/bruised a muscle.
Be kell gipszelni.	We'll have to put it in plaster (cast).
El van fertőződve.	It's infected.
Kapott tetanuszoltást?	Have you been vaccinated against tetanus?
Adok fájdalomcsillapítót.	I'll give you a painkiller.
Allergiás valamire?	Do you have any allergies?

Illness *Betegség*

I'm not feeling well.	**Nem érzem jól magam.**	næm ayrzæm yāwl moggom
I'm ill/I'm sick.	**Beteg vagyok.**	bætæg vod^yawk
I feel dizzy/ nauseous/ shivery.	**Szédülök./ Hányingerem van./ Ráz a hideg.**	saydewlurk/ haan^yeengæræm von/ raaz o heedæg
I have a temperature (fever).	**Lázas vagyok.**	laazosh vod^yawk
My temperature is 38 degrees Celsius.	**38 fokos lázam van.**	hormeentsn^yawlts fawkawsh laazom von
I've been vomiting.	**Hánytam.**	haan^ytom
I'm constipated.	**Székrekedésem van.**	saykrækædayshæm von
I've got diarrhoea.	**Hasmenésem van.**	hoshmænayshæm von
My ... hurt(s).	**Fáj ...**	faay ...

NUMBERS, see page 147

I've got (a/an) ...

asthma	**Asztmás vagyok.**	ostmaash vod^yawk
backache	**Fáj a hátam.**	faay o haatom
cold	**Náthás vagyok.**	naathaash vod^yawk
cough	**Köhögök.**	kurhurgurk
cramps	**Görcseim vannak.**	gurrchæeem vonnok
earache	**Fáj a fülem.**	faay o fewlæm
hay fever	**Szénanáthám van.**	saynonnaathaam von
headache	**Fáj a fejem.**	faay o fæyæm
indigestion	**Gyomorrontásom van.**	d^yawmawrrawntaashawm von
nosebleed	**Vérzik az orrom.**	vayrzeek oz awrrawm
palpitations	**Szívdobogásom van.**	seevdawbawgaashawm von
rheumatism	**Reumám van.**	ræoomaam von
sore throat	**Fáj a torkom.**	faay o tawrkawm
stiff neck	**Merev a nyakam.**	mæræv o n^yokkom
stomach ache	**Fáj a gyomrom.**	faay o d^yawmrawm
sunstroke	**Napszúrást kaptam.**	nopsoōraasht koptom
I have difficulties breathing.	**Légzési nehézségeim vannak.**	laygzayshee næhayzshaygæeem vonnok
I have chest pains.	**Mellkasi fájdalmaim vannak.**	mælko-shee faa^ydolmoeem vonnok
I had a heart attack ... years ago.	**... éve volt infarktusom.**	... ayvæ vawlt eenforktooshawm
My blood pressure is too high/too low.	**Túl magas/alacsony a vérnyomásom.**	tool moggosh/ollochawn^y o vayrn^yawmaashawm
I'm allergic to ...	**Allergiás vagyok a ...**	ollærgeeaash vod^yawk o
I'm a diabetic.	**Cukorbeteg vagyok.**	tsookawrbætæg vod^yawk

Women's section   *Nőgyógyászat*

I have period pains.	**Menstruációs fájdalmaim vannak.**	mænshtrooaatseeāwsh faaydolmoeem vonnok
I have a vaginal infection.	**Hüvelygyulladásom van.**	hewvæ^yd^yoolloddaashawm von
I'm on the pill.	**Tablettát szedek.**	toblættaat sædæk
I haven't had my period for 2 months.	**2 hónapja nem jön meg a menstruációm.**	kayt hawnopyo næm yurn mæg o mænshtrooaatseeawm
I'm (3 months) pregnant.	**(3 hónapos) Terhes vagyok.**	(haarawm hawnoppawsh) tærhæsh vod^yawk

Mióta érzi így magát?	How long have you been feeling like this?
Most először fordul ez elő?	Is this the first time you've had this?
Megmérem a lázát/a vérnyomását.	I'll take your temperature/blood pressure.
Tűrje fel az ujját, legyen szíves.	Roll up your sleeve, please.
Kérem vetkőzzön le (derékig).	Please undress (down to the waist).
Kérem, feküdjön le ide.	Please lie down over here.
Nyissa ki a száját.	Open your mouth.
Sóhajtson.	Breathe deeply.
Köhögjön.	Cough, please.
Hol fáj?	Where does it hurt?
	You've got (a/an) ...
Vakbélgyulladása van.	appendicitis
Hólyaggyulladása van.	cystitis
Gyomorhurutja van.	gastritis
... gyulladása van.	inflammation of ...
Ételmérgezése van.	food poisoning
Sárgasága van.	jaundice
Nemi betegsége van.	venereal disease
Tüdőgyulladása van.	pneumonia
Influenzás.	flu
Kanyarós.	measles
(Nem) Fertőző.	It's (not) contagious.
Allergiás.	It's an allergy.
Adok egy injekciót.	I'll give you an injection.
Vér/Széklet/Vizelet mintára van szükségem.	I want a specimen of your blood/stools/urine.
... napig ágyban kell maradnia.	You must stay in bed for ... days.
Szakorvoshoz kell mennie.	I want you to see a specialist.
Kórházba kell mennie kivizsgálásra.	I want you to go to the hospital for a general check-up.

Prescription – Treatment *Recept – Kezelés*

This is my usual medicine.	**Ezt a gyógyszert szoktam szedni.**	æst o dᵞawdᵞsært sawktom sædnee
Can you give me a prescription for this?	**Fel tudná nekem írni?**	fæl toodnaa nækæm eernee
Can you prescribe a/an/some ...?	**Fel tudna írni ...?**	fæl toodno ēērnee
antidepressant	**depresszió elleni orvosságot**	dæpræsseeāw ællænee awrvawsh-shaagawt
sleeping pills	**altatót**	oltottāwt
tranquillizer	**nyugtatót**	nᵞoogtottāwt
I'm allergic to certain antibiotics/penicillin.	**Allergiás vagyok néhány antibiotikumra/penicillinre.**	ollærgeeaash vodᵞawk nayhaanᵞ onteebeeawtee-koomro/pæneetseeleenræ
I don't want anything too strong.	**Nem akarok semmi túl erőset.**	næm okkorawk shæmmee tōōl ærūrshæt
How many times a day should I take it?	**Naponta hányszor szedjem?**	noppawnto haanᵞsawr sædᵞæm
Must I swallow them whole?	**Egészben kell lenyelnem?**	ægaysbæn kæl lænᵞælnæm

Milyen kezelést kap?	What treatment are you having?
Milyen gyógyszert szed?	What medicine are you taking?
Injekcióban vagy szájon át?	By injection or orally?
Szedjen ... kávéskanállal ebből a gyógyszerből.	Take ... teaspoons of this medicine.
Vegyen be egy tablettát egy pohár vízzel.	Take one pill with a glass of water.
minden ... órában	every ... hours
...-szor naponta	... times a day
étkezés előtt/után	before/after each meal
reggel/este	in the morning/at night
ha fájdalmai vannak	if there is any pain
... napig	for ... days

CHEMIST'S, see p. 107

Fee   *Kezelési költség*

How much do I owe you?	**Mennyivel tartozom?**	mænᵞ-nᵞeevæl tortawzawm
May I have a receipt for my health insurance?	**Kaphatok egy elismervényt a biztosítóm részére?**	kophottawk ædᵞ æleeshmærvaynᵞt o beeztawsheetawm raysayræ
Can I have a medical certificate?	**Kaphatok orvosi igazolást?**	kophottawk awrvawshee eegozzawlaasht
Would you fill in this health insurance form, please?	**Kitöltené ezt a biztosítási ívet?**	keeturltænay æzt o beeztawsheetaashee eevæt

Hospital   *Kórház*

Please notify my family.	**Kérem értesítse a családomat.**	kayræm ayrtæsheetshæ o chollaadawmot
What are the visiting hours?	**Mikor van látogatási idő?**	meekawr von laatawgottaashee eedūrr
When can I get up?	**Mikor kelhetek fel?**	meekawr kælhætæk fæl
When will the doctor come?	**Mikor jön az orvos?**	meekawr yurn oz awrvawsh
I'm in pain.	**Fájdalmaim vannak.**	faydolmoeem von-nok
I can't eat/sleep.	**Nem tudok enni/ aludni.**	næm toodawk ænnee/ olloodnee
Where is the bell?	**Hol a csengő?**	hawl o chængūr

doctor	**orvos**	awrvawsh
nurse	**nővér**	nūrvayr
patient	**páciens**	paatseeænsh
anaesthetic	**érzéstelenítő**	ayrzayshtælæneetūr
blood transfusion	**vérátömlesztés**	vayraaturmlæstaysh
injection	**injekció**	eenyæktseeaw
operation	**operáció**	awpæraatseeaw
bed	**ágy**	aadᵞ
bedpan	**ágytál**	aadᵞtaal
thermometer	**lázmérő**	laazmayrūr

Dentist   *Fogorvos*

Can you recommend a good dentist?	**Tud ajánlani egy jó fogorvost?**	toodno oyaanlonnee ædᵞ yāw fawgawrvawsht
Can I make an (urgent) appointment to see Dr ...?	**Mikor tudna (sürgősen) fogadni ... doktor?**	meekawr toodno (shewrgūrshæn) fawgodnee ... dawktawr
Couldn't you make it earlier?	**Nem lehetne korábban?**	næm læhætnæ kawraabbon
I have a broken tooth.	**Eltört egy fogam.**	ælturrt ædᵞ fawgom
I have a toothache.	**Fáj a fogam.**	faay o fawgom
I have an abscess.	**Tályogos a fogam.**	taayawgawsh o fawgom
This tooth hurts.	**Ez a fogam fáj.**	æz o fawgom faay
at the top	**felül**	fælewl
at the bottom	**alul**	ollool
at the front	**elöl**	ælurl
at the back	**hátul**	haatool
Can you fix it temporarily?	**Ideiglenesen rendbe tudná hozni?**	eedæeeglænæshæn rændbæ toodnaa hawznee
I don't want it pulled out.	**Nem akarom kihúzatni.**	næm okkorrawm keehōō-zotnee
Could you give me an anaesthetic?	**Kérem, adjon érzéstelenítőt.**	kayræm odᵛawn ayrzayshtælænēētūrt
I've lost a filling.	**Kiesett egy tömésem.**	keeæshæt ædᵞ turmayshæm
My gums ...	**A fogínyem ...**	o fawgēēnᵛæm ...
are very sore are bleeding	**nagyon érzékeny vérzik**	nodᵛawn ayrzaykænᵛ vayrzeek
I've broken my dentures.	**Eltörött a műfogsorom.**	ælturrurt o mēw-fawgshawrawm
Can you repair them?	**Meg tudná javítani?**	mæg toodnaa yovvēētonnee
When will they be ready?	**Mikor lesz készen?**	meekawr læs kaysæn

Reference section

Where do you come from? *Honnan jött?*

Africa	**Afrika**	ofreeko
Asia	**Ázsia**	aazheeo
Australia	**Ausztrália**	o-oostraaleeo
Europe	**Európa**	æoorāwpo
North America	**Észak-Amerika**	aysok-ommæreeko
South America	**Dél-Amerika**	dayl-ommæreeko
Austria	**Ausztria**	o-oostreeo
Belgium	**Belgium**	bælgheeoom
Bulgaria	**Bulgária**	boolgaareeo
Canada	**Kanada**	konnoddo
China	**Kína**	kēēno
Czech Republic	**Cseh Köztársasag**	chæ **kursh**taarshoshog
Denmark	**Dánia**	daaneeo
England	**Anglia**	ongleeo
Finland	**Finnország**	feenawrsaag
France	**Franciaország**	frontseeo-awrsaag
Germany	**Németország**	naymætawrsaag
Great Britain	**Nagy-Britannia**	nod^y-breetonneeo
Greece	**Görögország**	gurrurgawrsaag
Hungary	**Magyarország**	mod^{y}orrawrsaag
India	**India**	eendeeo
Ireland	**Írország**	ēērawrsaag
Israel	**Izrael**	eezroæl
Italy	**Olaszország**	awlossawrsaag
Japan	**Japán**	yoppaan
Luxembourg	**Luxemburg**	looxæmboorg
Netherlands	**Hollandia**	hawllondeeo
New Zealand	**Új-Zéland**	ōōy-zaylond
Norway	**Norvégia**	nawrvaygheeo
Poland	**Lengyelország**	lænd^{y}ælawrsaag
Portugal	**Portugália**	pawrtoogaaleeo
Romania	**Románia**	rawmaaneeo
Russia	**Oroszország**	awrawrssawrsaag
Scotland	**Skócia**	shkāwtseeo
Slovakia	**Szlovákia**	slawvaakeeo
South Africa	**Dél-Afrika**	dayl-ofreeko
Spain	**Spanyolország**	shpon^{y}awlawrsaag
Sweden	**Svédország**	shvaydawrsaag
Switzerland	**Svájc**	shvaayts
Turkey	**Törökország**	turrurkawrsaag
United States	**Egyesült Államok**	æd^{y}æshewlt aallomawk
Wales	**Wales**	væls

Numbers *Számok*

0	**nulla**	noollo
1	**egy**	æd^y
2	**kettő**	kættūr
3	**három**	haarawm
4	**négy**	nayd^y
5	**öt**	urt
6	**hat**	hot
7	**hét**	hayt
8	**nyolc**	n^{y}awlts
9	**kilenc**	keelænts
10	**tíz**	tēēz
11	**tizenegy**	teezænæd^y
12	**tizenkettő**	teezænkættūr
13	**tizenhárom**	teezænhaarawm
14	**tizennégy**	teezænnayd^y
15	**tizenöt**	teezænurt
16	**tizenhat**	teezænhot
17	**tizenhét**	teezænhayt
18	**tizennyolc**	teezænn^{y}awlts
19	**tizenkilenc**	teezænkeelænts
20	**húsz**	hōōs
21	**huszonegy**	hoosawnæd^y
22	**huszonkettő**	hoosawnkættūr
23	**huszonhárom**	hoosawnhaarawm
24	**huszonnégy**	hoosawnnayd^y
25	**huszonöt**	hoosawnurt
26	**huszonhat**	hoosawnhot
27	**huszonhét**	hoosawnhayt
28	**huszonnyolc**	hoosawnn^{y}awlts
29	**huszonkilenc**	hoosawnkeelænts
30	**harminc**	hormeents
31	**harmincegy**	hormeentsæd^y
32	**harminckettő**	hormeentskættūr
33	**harminchárom**	hormeents-haarawm
40	**negyven**	næd^{y}væn
41	**negyvenegy**	næd^{y}vænæd^y
42	**negyvenkettő**	næd^{y}vænkættūr
43	**negyvenhárom**	næd^{y}vænhaarawm
50	**ötven**	urtvæn
51	**ötvenegy**	urtvænæd^y
52	**ötvenkettő**	urtvænkættūr
53	**ötvenhárom**	urtvænhaarawm
60	**hatvan**	hotvon
61	**hatvanegy**	hotvonnæd^y
62	**hatvankettő**	hotvonkættūr

63	**hatvanhárom**	hotvonhaarawm
70	**hetven**	hætvæn
71	**hetvenegy**	hætvænæd^y
72	**hetvenkettő**	hætvænkættūr
73	**hetvenhárom**	hætvænhaarawm
80	**nyolcvan**	n^{y}awltsvon
81	**nyolcvanegy**	n^{y}awltsvonnæd^y
82	**nyolcvankettő**	n^{y}awltsvonkættūr
83	**nyolcvanhárom**	n^{y}awltsvonhaarawm
90	**kilencven**	keelæntsvæn
91	**kilencvenegy**	keelæntsvænæd^y
92	**kilencvenkettő**	keelæntsvænkættūr
93	**kilencvenhárom**	keelæntsvænhaarawm
100	**száz**	saaz
101	**százegy**	saazæd^y
102	**százkettő**	saazkættūr
110	**száztíz**	saaztēēz
120	**százhúsz**	saazhōōs
130	**százharminc**	saazhormeents
140	**száznegyven**	saaznæd^{y}væn
150	**százötven**	saazurtvæn
160	**százhatvan**	saazhotvon
170	**százhetven**	saazhætvæn
180	**száznyolcvan**	saazn^{y}awltsvon
190	**százkilencven**	saazkeelæntsvæn
200	**kétszáz**	kaytsaaz
300	**háromszáz**	haarawmsaaz
400	**négyszáz**	nayd^{y}saaz
500	**ötszáz**	urtsaaz
600	**hatszáz**	hotsaaz
700	**hétszáz**	haytsaaz
800	**nyolcszáz**	n^{y}awlts-saaz
900	**kilencszáz**	keelæntsaaz
1000	**ezer**	æzær
1100	**ezeregyszáz**	æzæræd^{y}saaz
1200	**ezerkétszáz**	æzærkaytsaaz
2000	**kétezer**	kaytæzær
5000	**ötezer**	urtæzær
10,000	**tízezer**	tēēzæzær
50,000	**ötvenezer**	urtvænæzær
100,000	**százezer**	saazæzær
1,000,000	**millió**	meelleeāw
1,000,000,000	**milliárd**	meelleeaard

first	első	ælshūr
second	második	maashawdeek
third	harmadik	hormoddeek
fourth	negyedik	næd^{y}ædeek
fifth	ötödik	urturdeek
sixth	hatodik	hottawdeek
seventh	hetedik	hætædeek
eighth	nyolcadik	n^{y}awltsoddeek
ninth	kilencedik	keelæntsædeek
tenth	tizedik	teezædeek

| once/twice | egyszer/kétszer | æd^{y}sær/kaytsær |
| three times | háromszor | haarawmsawr |

a half	egy fél	æd^y fayl
half a ...	fél ...	fayl
half of ...	a fele ...-nak/-nek	o fælæ ...-nok/-næk
half (adj.)	fél	fayl
a quarter/one third	negyed/harmad	næd^{y}æd/hormod
a pair of	egy pár	æd^y paar
a dozen	egy tucat	æd^y tootsot

| one per cent | egy százalék | æd^y saazollayk |
| 3.4% | 3,4% | haarawm ægays nayd^y teezæd saazollayk |

Year and age   *Év és életkor*

year	év	ayv
leap year	szökőév	surkūrayv
decade	évtized	ayvteezæd
century	évszázad	ayvsaazod

this year	idén	eedayn
last year	tavaly	tovvoy
next year	jövőre	yurvūrræ
each year	minden évben	meendæn ayvbæn

2 years ago	2 éve	kayt ayvæ
in one year	egy éven belül	æd^y ayvæn bælewl
in the eighties	a nyolcvanas években	o n^{y}awltsvonnosh ayvækbæn

| the 16th century | a 16. század | o teezænhottawdeek saazod |

| in the 20th century | a huszadik században | o hoosoddeek saazodbon |

| 1981 | ezerkilencszáz- nyolcvanegy | æzærkeelæntsaaz- n^{y}awltsvonnæd^y |
| 1992 | ezerkilencszáz- kilencvenkettő | æzærkeelæntsaaz- keelæntsvænkættūr |

How old are you?	**Hány éves?**	haan^y ayvæsh
I'm 30 years old.	**30 éves vagyok.**	hormeents ayvæsh vod^yawk
He/She was born in 1960.	**1960-ban született.**	æzær-keelæntsaaz-hotvonbon sewlætæt
What is his/her age?	**Mennyi idős?**	mæn^y-n^yee eedūrsh
Children under 16 are not admitted.	**16 éven felülieknek.**	teezænhot ayvæn fælew-leeæknæk

Seasons *Évszakok*

spring/summer	**tavasz/nyár**	tovvos/n^yaar
autumn/winter	**ősz/tél**	ūrs/tayl
in spring	**tavasszal**	tovvossol
during the summer	**nyáron**	n^yaarawn
in autumn	**ősszel**	ūrssæl
during the winter	**télen**	taylæn
high season	**főszezon**	fūrsæzawn
low season	**holt szezon**	hawlt sæzawn

Months *Hónapok*

January	**január***	yonnooaar
February	**február**	fæbrooaar
March	**március**	maartseeoosh
April	**április**	aapreeleesh
May	**május**	maayoosh
June	**június**	yōōneeoosh
July	**július**	yōōleeoosh
August	**augusztus**	o-oogoostoosh
September	**szeptember**	sæptæmbær
October	**október**	awktāwbær
November	**november**	nawvæmbær
December	**december**	dætsæmbær
in September	**szeptemberben**	sæptæmbærbæn
since October	**október óta**	awktāwbær āwto
the beginning of January	**január eleje**	yonnooaar ælæyæ
the middle of February	**február közepe**	fæbrooaar kurzæpæ
the end of March	**március vége**	maartseeoosh vaygæ

---

* The names of months aren't capitalized in Hungarian.

Days and Date   *Napok és dátumok*

What day is it today?	**Milyen nap van ma?**	meeyæn nop von mo
Sunday	**vasárnap***	voshaarnop
Monday	**hétfő**	haytfūr
Tuesday	**kedd**	kæd
Wednesday	**szerda**	særdo
Thursday	**csütörtök**	tshewturrturk
Friday	**péntek**	payntæk
Saturday	**szombat**	sawmbot
It's ...	**... van.**	... von
July 1	**július elseje**	yōōleeoosh ælshæyæ
March 17	**március tizenhetedike**	maartseeoosh teezænhætæ-deekæ
in the morning	**reggel**	ræggæl
during the day	**napközben**	nopkurzbæn
in the afternoon	**délután**	daylootaan
in the evening	**este**	æshtæ
at night	**éjszaka**	aysokko
the day before yesterday	**tegnapelőtt**	tægnoppælūrt
yesterday	**tegnap**	tægnop
today	**ma**	mo
tomorrow	**holnap**	hawlnop
the day after tomorrow	**holnapután**	hawlnoppootaan
the day before	**előző nap**	ælūrzūr nop
the next day	**másnap**	maashnop
two days ago	**két nappal ezelőtt**	kayt noppol æzælūrt
in three days' time	**három napon belül**	haarawm noppawn bælewl
last week	**múlt héten**	mōōlt haytæn
next week	**jövő héten**	yurvūr haytæn
for a fortnight (two weeks)	**két hétig**	kayt hayteeg
birthday	**születésnap**	sewlætayshnop
day off	**szabadnap**	sobbodnop
holiday	**ünnepnap**	ewnnæpnop
holidays/vacation	**szabadság/vakáció**	sobbodshaag/ vokkaatseeāw
week	**hét**	hayt
weekend	**hétvége**	haytvayghæ
working day	**munkanap**	moonkonnop

* The names of days aren't capitalized in Hungarian.

Public holidays   *Hivatalos ünnepek*

January 1	**Újév**	New Year's Day
March 15	**Nemzeti ünnep**	National Day
May 1	**A munka ünnepe**	Labour Day
August 20	**Szt. István ünnepe**	St. Stephen's Day
October 23	**Nemzeti ünnep**	National Day
December 25	**Karácsony első napja**	Christmas Day
December 26	**Karácsony második napja**	Boxing Day
Movable:	**Húsvét hétfő**	Easter Monday

Greetings and wishes   *Jókívánságok*

Merry Christmas!	**Boldog Karácsonyt!**	bawldawg korraachawn^yt
Happy New Year!	**Boldog új évet!**	bawldawg ōōy ayvæt
Happy Easter!	**Kellemes húsvéti ünnepeket!**	kællæmæsh hōōshvaytee ewnnæpækæt
Happy birthday!	**Boldog születés-napot!**	bawldawg sewlætaysh-noppawt
Best wishes!	**Minden jót!**	meendæn yāwt
Congratulations!	**Gratulálok!**	grottoolaalawk
Good luck/ All the best!	**Sok szerencsét/ Minden jót!**	shawk særænchayt/ meendæn yāwt
Have a good trip!	**Jó utat!**	yāw ootot
Have a good holiday!	**Jó nyaralást!**	yāw n^yorrollaasht
Best regards from ...	**Üdvözlettel ...!**	ewdvurzlættæl
My regards to ...	**Üdvözlöm ...-t.**	ewdvurzlurm ...-t
I wish you ...	**... kívánok.**	... kēēvaanawk

What time is it?   *Mennyi az idő?/Hány óra?*

Excuse me. Can you tell me the time?	**Elnézést, megmondaná mennyi az idő?**	ælnayzaysht mægmawndonnaa mænᵞ-nᵞee oz eedūr
It's ...		
five past one	**egy óra öt perc***	ædᵞ āwro urt pærts
ten past two	**két óra tíz perc**	kayt āwro teez pærts
a quarter past three	**negyed négy**	nædᵞæd naydᵞ
twenty past four	**négy óra húsz**	naydᵞ āwro hōōs
twenty-five past five	**öt óra huszonöt**	urt āwro hoosawnurt
half past six	**fél hét**	fayl hayt
twenty-five to seven	**öt perccel múlt fél hét**	urt pærtsæl mōōlt fayl hayt
twenty to eight	**öt perc múlva háromnegyed nyolc**	urt pærts mōōlvo haarawmnædᵞæd nᵞawlts
a quarter to nine	**háromnegyed kilenc**	haarawmnædᵞæd keelænts
ten to ten	**tíz perc múlva tíz**	tēēz pærts mōōlvo tēēz
five to eleven	**öt perc múlva tizenegy**	urt pærts mōōlvo teezænædᵞ
twelve o'clock (noon/midnight)	**tizenkét óra (dél/éjfél)**	teezænkayt āwro dayl/ayᵞfayl
in the morning	**délelőtt**	daylælūrt
in the afternoon	**délután**	daylootaan
in the evening	**este**	æshtæ
The train leaves at ...	**...-kor indul a vonat.**	...-kawr eendool o vawnot
13.04 (1.04 p.m.)	**tizenhárom óra négy perckor**	teezænharawm āwro naydᵞ pærtskawr
0.40 (0.40 a.m.)	**nulla óra negyven perckor**	noollo āwro nædᵞvæn pærtskawr
in five minutes	**öt percen belül**	urt pærtsæn bælewl
in a quarter of an hour	**negyed órán belül**	nædᵞæd āwraan bælewl
half an hour ago	**fél órával ezelőtt**	fayl āwraavol æzælūrt
about two hours	**körülbelül két óra**	kurrewlbælewl kayt āwro
more than 10 minutes	**több mint tíz perc**	turbb meent tēēz pærts
less than 30 seconds	**kevesebb mint harminc másodperc**	kævæshæb meent hormeents maashawdpærts
The clock is fast/slow.	**Az óra siet/késik.**	oz āwro sheeæt/kaysheek

---

* In daily conversation time is expressed as shown here. However, official time uses a 24-hour clock which means that after noon hours are counted from 13 to 24.

Common abbreviations *Gyakran használt rövidítések*

áll.	állami	state
ált.	általános	general
B.N.V.	Budapesti Nemzetközi Vásár	Budapest International Fair
Bp.	Budapest	Budapest
db/drb.	darab	piece
d.e.	délelőtt	a.m.
d.u.	délután	p.m.
em.	emelet	floor
ENSZ	Egyesült Nemzetek Szervezete	United Nations Organization
érk.	érkezés	arrival
F.á.	fogyasztói ár	price
főv.	fővárosi	metropolitan (Budapest)
f.sz.	földszint	ground floor
g.k.	gépkocsi	automobile
IBUSZ	IBUSZ	IBUSZ travel agency
hat.eng.	hatóságilag engedélyezett	licensed
i.e.	időszámítás előtt	B.C.
ind.	indulás	departure
i.sz.	időszámításunk szerint	A.D.
k.b.	körülbelül	approximately
KEOKH	Külföldieket Ellenőrző Országos Hivatal	Foreigners' Registration Office
krt.	körút	boulevard
LE	Lóerő	horsepower
MNB	Magyar Nemzeti Bank	Hungarian National Bank
MALÉV	Magyar Légiforgalmi Vállalat	Hungarian Air Transport
MÁV	Magyar Állami Vasutak	Hungarian State Railways
MTI	Magyar Távirati Iroda	Hungarian Telegraphic Services
p.l.	például	e.g.
p.u.	pályaudvar	railway station
röv.	rövidítés	abbreviation
s.t.b.	és a többi	etc.
sz.	század	century
T.C.	Tisztelt Cím!	Sir, Madam (polite, written)
u.	utca	street
v.á.	végállomás	terminal
	vasútállomás	railway station
Szt.	Szent	saint
T	tanuló vezető	learner driver

Signs and notices   *Feliratok*

A bejáratot kérjük szabadon hagyni	Do not block the entrance
Átjárás tilos	Trespassers will be prosecuted
Bejárat	Entrance
Belépés díjtalan	Admission free
Dohányzó	Smoking allowed
Eladó	For sale
Elfogyott	Sold out
Érintése tilos	Do not touch
Fáradjon be	Enter without knocking
Fel	Up
Férfi W.C.	Men's toilets
Foglalt	Reserved, occupied
Forró	Hot
Fürdeni tilos	Bathing forbidden
Halálveszély	Danger of death
Hideg	Cold
Húzni	Pull
Információ	Information
Ivóvíz	drinking water
Kérem, csengessen	Please ring
Kérjük az ajtót becsukni	Close the door
Kiadó	To let
Kiárusítás	Sale
Kijárat	Exit
Lift	Lift (elevator)
Magánterület	Private property
Magasfeszültség	High voltage
Nem működik	Out of order
Ne zavarjanak	Do not disturb
Női W.C.	Women's toilets
Nyitva	Open
Pénztár	Cash desk
Szabad	Vacant
Szoba kiadó	Room to let
Szemetelni tilos	No littering
... tilos	... prohibited
Tilos a belépés	No entry
Tilos a dohányzás	No smoking
Tolni	Push
Veszély	Danger
Vészkijárat	Emergency exit
Vigyázat	Caution
Vigyázat! Harapós kutya	Beware of the dog
Zárva	Closed

Emergency *Szükséghelyzetek*

Call the police	Hívja a rendőrséget	hēēvyo o rændūrrshaygæt
Consulate	Konzulátus	kawnzoolaatoosh
DANGER	VESZÉLY	væsay^y
FIRE	TŰZ	tēwz
Gas (leak)	Gázszivárgás	gaazseevaargaash
Get a doctor	Hívjon orvost	hēēvyawn awrvawsht
Go away	Távozzék	taavawzzayk
HELP	SEGÍTSÉG	shæghēētshayg
Get help quickly	Hívjon gyorsan segítséget	hēēvyawn d^yawrshon shæghēētshaygæt
I'm ill	Beteg vagyok	bætæg vod^yawk
I'm lost	Eltévedtem	æltayvædtæm
Leave me alone	Hagyjon békén	hod^yawn baykayn
LOOK OUT	VIGYÁZAT	veed^yaazot
Poison	Méreg	mayræg
POLICE	RENDŐRSÉG	rændūrrshayg
Stop!	Álljon meg!	aalyawn mæg
STOP THIEF	FOGJÁK MEG, TOLVAJ	fawgyaak mæg tawlvoy

Emergency telephone numbers *Közérdekű telefonszámok*

04	Ambulance
05	Fire
07	Police

Lost property—Theft *Elveszett tárgyak – Lopás*

Where's the ...?	Hol van ...?	hawl von
lost property (lost and found) office	a talált tárgyak hivatala	o tollaalt taard^yok heevotollo
police station	a rendőrség	o rændūrrshayg
I want to report a theft.	Szeretnék bejelenteni egy lopást.	særætnayk bæyælæntænee æd^y lawpaasht
My ... has been stolen.	Ellopták ...	ællawptaak
I've lost my ...	Elvesztettem ...	ælvæstættæm
handbag	a kézitáskámat	o kayzeetaashkaamot
passport	az útlevelemet	oz ōōtlævælæmæt
wallet	a pénztárcámat	o paynztaartsaamot

CAR ACCIDENTS, see page 78

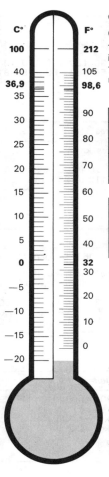

Conversion tables

Centimetres and inches

To change centimetres into inches, multiply by .39.

To change inches into centimetres, multiply by 2.54.

	in.	feet	yards
1 mm.	0.039	0.003	0.001
1 cm.	0.39	0.03	0.01
1 dm.	3.94	0.32	0.10
1 m.	39.40	3.28	1.09

	mm.	cm.	m.
1 in.	25.4	2.54	0.025
1 ft.	304.8	30.48	0.305
1 yd.	914.4	91.44	0.914

(32 metres = 35 yards)

Temperature

To convert centigrade into degrees Fahrenheit, multiply centigrade by 1.8 and add 32.

To convert degrees Fahrenheit into centigrade, subtract 32 from Fahrenheit and divide by 1.8.

Különféle tudnivalók

Kilometres into miles

1 kilometre (km.) = 0.62 miles

km.	10	20	30	40	50	60	70	80	90	100	110	120	130
miles	6	12	19	25	31	37	44	50	56	62	68	75	81

Miles into kilometres

1 mile = 1.609 kilometres (km.)

miles	10	20	30	40	50	60	70	80	90	100
km.	16	32	48	64	80	97	113	129	145	161

Fluid measures

1 litre (l.) = 0.88 imp. quart or = 1.06 U.S. quart

1 imp. quart = 1.14 l.	1 U.S. quart = 0.95 l.
1 imp. gallon = 4.55 l.	1 U.S. gallon = 3.8 l.

litres	5	10	15	20	25	30	35	40	45	50
imp. gal.	1.1	2.2	3.3	4.4	5.5	6.6	7.7	8.8	9.9	11.0
U.S. gal.	1.3	2.6	3.9	5.2	6.5	7.8	9.1	10.4	11.7	13.0

Weights and measures

1 kilogram or kilo (kg.) = 1000 grams (g.)

100 g. = 3.5 oz.	½ kg. = 1.1 lb.
200 g. = 7.0 oz.	1 kg. = 2.2 lb.

1 oz. = 28.35 g.
1 lb. = 453.60 g.

CLOTHING SIZES, see page 114/YARDS AND INCHES, see page 111

A very basic grammar

Hungarian is a unique, intricate, subtle language belonging to the Finno-Ugric family.* It's completely unrelated to Slavonic, Germanic or any other Indo-European tongue.

Hungarian words are higly derivative, various ideas and nuances being expressed by a root-word modified in different ways. Instead of prepositions ("to", "from", "in", etc.), Hungarian uses a variety of suffixes (tags added to the ends of words). Special endings are also added to verbs, pronouns and other parts of speech, e.g. kap (get), kapok (I get), kaphatok (I can get); könyv (book), könyvem (my book), könyveim (my books), könyveimben (in my books). The choice of suffix is partly governed by a complicated set of rules of vowel harmony, which means that the vowels in the root-word determine which alternative of the required suffix must be added e.g. Budapest**en** (**in** Budapest), Miskolc**on** (**in** Miskolc).

In some phrases in this book we have had no alternative but to leave the choice of suffix open, since it depends on the word you wish to insert in front of it. It's impossible for us to give here a watertight summary of the technicalities of vowel harmony. However, if you follow the rules of thumb given below you'll considerably shorten the odds on picking the correct suffix.

● If the basic word is dominated by "open" vowels (**e, é, i, í, ö, ő, ü, ű**), add that suffix which also contains an "open" vowel.

● If the basic word is dominated by "closed" vowels (**a, á, o, ó, u, ú**), add that suffix which also contains a "closed" vowel.

Don't worry about making a mistake, you'll be understood—and most likely complimented for trying hard!

---

* Its closest, yet still extremely distant, relative is Finnish.

Articles

1. **Definite article** (the):

The word for *the* is **a** before a word beginning with a consonant, and **az** before a vowel, in both singular and plural. It is indeclinable.

	singular		plural
a vonat	the train	**a vonatok**	the trains
az asztal	the table	**az asztalok**	the tables

2. **Indefinite article** (a/an):

The indefinite article is always **egy** (the same as the word for "one"). It is indeclinable.

egy vonat	a train	**egy asztal**	a table
vonatok	trains	**asztalok**	tables

Nouns

As in English, there is no grammatical gender. However, nouns take various endings depending on their case.

Here is a general model of the declension of nouns based on the word **könyv** (book), showing the endings to be added. Note, however, that endings are often subject to change according to the rules of vowel harmony.

case	singular	plural	usage
subject	**könyv**	**könyvek**	the book/s (is/are ...)
dir. obj.	**könyvet**	**könyveket**	(I read) the book/s
possess.	**könyvnek a**	**könyveknek a**	of the book/s
ind. obj.	**könyvnek**	**könyveknek**	to the book/s
place	**könyvben**	**könyvekben**	in the book/s
"from"	**könyvről**	**könyvekről**	from the book/s

Adjectives

1. The adjective precedes the noun, with no endings.

a piros autó   the red car   **a piros autók**   the red cars

2. The comparative of an adjective is formed by adding the endings **-bb**, **-abb**, **-ebb** or **-obb** to its simple form.

3. In the superlative, the adjective takes the same endings but is also preceded by **leg**. Here are some useful examples.

simple	comparative	superlative
jó good	**jobb** better	**legjobb** best
magas tall	**magasabb** taller	**legmagasabb** tallest
szép beautiful	**szebb** more beautiful	**legszebb** most beautiful
nagy big	**nagyobb** bigger	**legnagyobb** biggest

Personal pronouns

subject		direct object (me, etc.)	indirect object (to me, etc.)
I	**én**	**engem**	**nekem**
you	**maga***, **ön**	**magát***, **önt**	**magának***, **önnek**
you	**te**	**téged**	**neked**
he/she/it	**ő**	**őt**	**neki**
we	**mi**	**minket**	**nekünk**
you	**maguk***, **önök**	**magukat***, **önöket**	**maguknak***, **önöknek**
you	**ti**	**titeket**	**nektek**
they	**ők**	**őket**	**nekik**

---

* Polite form for ''you''.

Demonstratives

this **ez**   these **ezek**   that **az**   those **azok**

Possessives

To form the possessive case, take the definite article + the personal pronoun + the noun. The noun takes endings (again, governed by a complicated set of rules).

my book	**az én könyvem**	our book	**a mi könyvünk**
your book	**a maga könyve***	your book	**a maguk könyve***
your book	**a te könyved**	your book	**a ti könyvetek**
his/her book	**az ő könyve**	their book	**az ő könyvük**

Verbs

Because of the complexity of Hungarian verbs we have restricted ourselves to showing how to form the present and future tenses of verbs, including the special cases of the verbs "to be" and "to have".

1. Present tense of the verbs "to be" and "to have":

to be (**lenni**)			
I am	**én vagyok**	we are	**mi vagyunk**
you are	**maga van***	you are	**maguk vannak***
you are	**te vagy**	you are	**ti vagytok**
he/she/it is	**ő van**	they are	**ők vannak**

to have (**birtokolni**)			
I have	**nekem van**	we have	**nekünk van**
you have	**magának van***	you have	**maguknak van***
you have	**neked van**	you have	**nektek van**
he/she/it has	**neki van**	they have	**nekik van**

---

* Polite form for "you", "your".

2. Present tense of other verbs:

The present tense may be formed in various ways. Here is a common pattern for verbs ending in -s based on the infinitive **olvasni** (to read).

I read	**én olvasok**	we read	**mi olvasunk**
you read	**maga olvas***	you read	**maguk olvasnak***
you read	**te olvasol**	you read	**ti olvastok**
he/she reads	**ő olvas**	they read	**ők olvasnak**

Questions: **olvas?** = does he / she read? etc.

3. Future

A simple method of forming the future tense is to use the personal pronoun + the word corresponding to "shall" or "will" (**fogok/fogsz**, etc.) + the infinitive. Here we take the verb **vásárolni** (to shop) as an example (I shall shop/go shopping, etc.).

I ...	**én fogok vásárolni**	we ...	**mi fogunk vásárolni**
you ...	**maga fog vásárolni***	you ...	**maguk fognak vásárolni***
you ...	**te fogsz vásárolni**	you ...	**ti fogtok vásárolni**
he/she ...	**ő fog vásárolni**	they ...	**ők fognak vásárolni**

Negatives

In a sentence, the word **nem** is usually placed after the subject. There is also a change of word order (inversion).

I am here	**én itt vagyok**
I am not here	**én nem vagyok itt**

---

* Polite form for "you".

Dictionary
and alphabetical index

English–Hungarian

DICTIONARY

Szótár

a egy 159
abbey apátság 81
abbreviation rövidítés 154
about *(approximately)* körülbelül 153
above felett 15
abscess tályog 145
absorbent cotton vatta 108
accept, to elfogadni 62, 102
accessories kiegészítők 115, alkatrészek 125
accident baleset 78, 139
accommodation szállás 22
account bankszámla 130
ache fájdalom 141
adaptor adapter 118
address cím 21, 31, 76, 79, 102
address book címregiszter 104
adhesive öntapadós 105
adhesive tape ragasztószalag 104
admission belépés 82, 155
Africa Afrika 146
after után 15, 77
afternoon délután 151, 153
after-shave lotion borotválkozás utáni arcszesz 109
age életkor 149
ago ezelőtt 151
air bed gumimatrac 106
air conditioner légkondicionáló 28
air conditioning légkondicionálás 23, 28
airmail légiposta 133
airplane repülőgép 65
airport repülőtér 21, 65
alarm clock ébresztőóra 121

alcohol alkohol 38
alcoholic szeszes 59
all minden 103
allergic allergiás 141, 143
almond mandula 53
alphabet ábécé 9
also is 15
alter, to *(garment)* átalakítani 116
amazing elbűvölő 84
amber borostyán 122
ambulance mentő 79
American amerikai 93, 105, 126
American plan teljes ellátás 24
amethyst ametiszt 122
amount összeg 131
amplifier erősítő 118
anaesthetic érzéstelenítő 144, 145
and és 15
animal állat 85
ankle boka 139
anorak dzseki 115
another másik 123
antibiotic antibiotikum 143
antidepressant depresszió elleni orvosság 143
antiques régiségek 83
antique shop régiségkereskedés 98
antiseptic fertőtlenítő 108
anyone valaki 12
anything valami 17, 25, 101, 112
anywhere valahol 89
aperitif aperitif 59
appendicitis vakbélgyulladás 142
appendix vakbél 138
appetizer előétel 40, 41

DICTIONARY

apple alma 53, 64, 119
apple juice almalé 60
appliance készülék 118
appointment megbeszélt találkozó 131
apricot sárgabarack 53
April április 150
archaeology régészet 83
architect építész 83
area code hívószám, körzetszám 134
arm kar 138, 139
arrangement *(set price)* kedvezmény 20
arrival érkezés 16, 65
arrive, to érkezni 65, 68
art *(képző)* művészet 83
art gallery (képzőművészeti) galéria 81, 98
artificial mesterséges 124
artist művész 81, 83
ashtray hamutartó 37
Asia Ázsia 146
ask for, to kérni 25, 61
asparagus spárga 52
aspirin aszpirin 108
asthma asztma 141
astringent timsó 109
at *(time)* -kor 15
   (space) -nál/-nél 15
at least legalább 24
at once azonnal 31
August augusztus 150
aunt nagynéni 93
Australia Ausztrália 146
Australian ausztrál 146
Austria Ausztria 146
automatic automata 20, 122, 124
autumn ősz 150
awful borzasztó 84

B
baby kisbaba 24, 110
baby food bébiétel 110
babysitter babysitter, pótmama 27
back hát 138
backache hátfájás 141
backpack hátizsák 106
bacon szalonna 49, 64

bad rossz 14, 95
bag táska 18 szatyor 103
baggage csomag, poggyász 18, 26, 31, 71
baggage cart poggyászkocsi 18, 71
baggage check poggyászmegőrző 67, 71
baked sült, sülve 45, 49
baker's pékség 98
balance *(account)* mérleg 131
balcony erkély 23
ball *(inflated)* labda 128
ballet balett 88
ball-point pen golyóstoll 104
banana banán 53
bandage kötszer 108
Band-Aid sebtapasz 108
bangle karperec 121
bangs frufru 30
bank *(finance)* bank 98, 129
banknote bankjegy 130
bar bár 34;
   (chocolate) tábla 64
barber's borbély 30, 98
basketball kosárlabda 89
bath *(hotel)* fürdőszoba 23, 25, 27
bathing cap fürdősapka 115
bathing hut kabin 91
bathing suit fürdőruha 115
bathrobe fürdőköpeny 115
bathroom fürdőszoba 23, 25, 27
bath salts fürdősó 109
bath towel fürdőtörülköző 27
battery elem 118, 121, 125;
   (car) akkumulátor 75, 78
bay leaf babérlevél 52
be, to lenni 161
beach strand 90
beach ball strandlabda 128
bean bab 52
beard szakáll 31
beautiful szép, gyönyörű 14, 84
beauty salon kozmetikai szalon 30, 98
bed ágy 24, 144
bed and breakfast szoba reggelivel 24
bedpan ágytál 144
beef marhahús 49
beer sör 58, 64
beet(root) cékla 52
before *(place)* előtt 15

Szótár

begin, to kezdődni 87, 88
beginning eleje 150
behind mögött 15, 77
beige drapp, beige 112
Belgium Belgium 146
bell *(elecric)* csengő 144
bellboy londiner 26
below alatt 15
belt öv 117
bend *(road)* kanyar 79
berth kusett 69, 70, 71
better jobb 14, 25
between között 15
bicycle kerékpár 74
big nagy 14, 101
bill számla 31, 62, 102;
  (banknote) bankjegy 130; címlet
  130
billion *(Am.)* milliárd 148
binoculars látcső 123
bird madár 85
birth születés 25
birthday születésnap 151, 152
biscuit *(Br.)* keksz, sütemény 64
bitter keserű 61
black fekete 112
black and white fekete-fehér 124,
  125
blackberry szeder 54
black coffee kávé 39, 60
blackcurrant fekete ribizli 53
bladder hólyag 138
blade penge 109
blanket takaró 27
bleach szőkítés 30
bleed, to vérezni 139, 145
blind *(window)* roló 29
blister vízhólyag 139
block, to eldugul 28
blood vér 142,
blood pressure vérnyomás 141
blood transfusion vérátömlesztés
  144
blouse blúz 115
blow-dry beszárítás 30
blue kék 112
blueberry áfonya 53
blusher rúzs 109
boar *(wild)* vaddisznó 51
boat hajó 74
bobby pin hajcsat 110
body test 138

boil kelés 139
boiled főtt 49
boiled egg főtt tojás 39
bone csont 138
book könyv 104
booking office jegyiroda 19, 67
bookshop könyvesbolt 98, 104
boot csizma 117
born született 150
botanical gardens botanikus kert
  81
botany botanika 83
bottle üveg 17, 58
bottle-opener sörnyitó 120
bottom alul 145
bowel bél 138
bow tie csokornyakkendő 115
box doboz 119
boxing boksz 90
boy fiú 111, 128
boyfriend barát 93
bra melltartó 116
bracelet karkötő 121
braces *(suspenders)* nadrágtartó
  116
braised dinsztelt 49
brake fék 78
brake fluid fékolaj 75
brandy pálinka 59
bread kenyér 38, 39, 44, 64,119
break, to eltörni 29, 118, 123, 139,
  145
break down, to elromlani 78
breakdown defekt 78
breakdown van szervizkocsi,
  autómentő 78
breakfast reggeli 24, 35, 39
breast mell 138
breathe, to lélegezni, sóhajtani
  141, 142
bricks *(toy)* kocka 128
bridge híd 85
bring, to hozni 13
British brit, angol 93
broken eltörött 29, 118, 140
brooch bross 121
brother fiútestvér 93
brown barna 112
bruise zúzódás 139
brush kefe 110
Brussels sprouts kelbimbó 52
bubble bath fürdőhab 109

bucket vödör 120, 128
buckle csat 116
build, to építeni 83
building épület 81, 83
building blocks építőkocka 128
bulb *(light)* villanykörte 28, 75, 118
burn égés 139
burn out, to *(bulb)* kiég 28
bus busz, autóbusz 18, 19, 65, 72, 73
business üzlet l6, 131
business district üzleti negyed 81
business trip üzleti út 93
bus stop buszmegálló 72, 73
busy sok dolga van 96
but de 15
butane gas butángáz 32, 106
butcher's hentes 98
butter vaj 36, 64, 119
button gomb 29, 116
buy, to venni 100, 104

C

cabana kabin 91
cabbage káposzta 49
cabin *(ship)* kabin 74
cable távirat 133
cable release kábeles kioldó 125
café kávéház 34
cake sütemény 54, 64
calculator számológép 105
calendar naptár 104
call *(phone)* telefonbeszélgetés 135, 136
call, to *(give name)* hívni 11; *(phone)* 136; *(summon)* 78, 156
call back, to visszahívni 136
calm nyugodt 91
cambric vászon 113
camel-hair teveszőr 113
camera fényképezőgép 124, 125
camera case fényképezőgép tok 125
camera shop fotó szaküzlet 98
camp, to kempingezni 32
campbed kempingágy 106
camping kemping 32
camping equipment kempingfelszerelés 106

camp site kemping 32
can *(container)* konzerv 120
can *(to be able)* -hat, -het 159
Canada Kanada 146
Canadian kanadai 93
cancel, to töröltetni 65
candle gyertya 106
candy cukor(ka) 126
can opener konzervnyitó 120
cap sapka 115
capital *(finance)* tőke 131
car autó, gépkocsi 19, 20, 75, 76, 78
carat karát 121
caraway köménymag 52
carbon paper indigó 104
carburettor karburátor 78
card kártya 93, névjegy 131
card game játékkártya 128
cardigan kardigán 115
car hire autókölcsönzés 20
carp ponty 47
car park parkoló 77
car racing autóversenyzés 89
car radio autórádió 118
car rental autókölcsönzés 20
carrot sárgarépa 49
carry, to vinni 21
cart kézikocsi 18
carton *(of cigarettes)* karton (cigaretta) 17
cartridge *(camera)* filmpatron 124
case *(cigarettes etc)* tárca 121; tok 123, 125
cash, to beváltani 130
cash desk pénztár 103, 155
cassette kazetta 118, 127
castle vár 81
catalogue katalógus 82
cathedral katedrális 81
Catholic katolikus 84
cauliflower karfiol 52
caution vigyázat 155
cave barlang 81
celery zeller 52
cemetery temető 81
centimetre centiméter 111
centre (város)központ 19, 21, 76, 81
century évszázad 149
ceramics kerámiák 83

DICTIONARY

Szótár

DICTIONARY

complaint panasz 61
concert koncert 88
concert hall hangversenyterem 81, 88
conductor *(orchestra)* karmester 88
confectioner's édességbolt 98
confirm, to megerősíteni 65
confirmation visszaigazolás 23
congratulation gratuláció 152
connection *(train)* átszállás 65, 68
constant állandó 140
constipation székrekedés 140
consulate konzulátus 156
contact lens kontaktlencse 123
contagious fertőző 142
contraceptive fogamzásgátló 108
contract szerződés 131
control vizsgálat 16
convent kolostor 81
conversion átváltás 157
cookie keksz 64
cool box hűtőláda 106
copper réz 122
coral korall 122
corduroy kordbársony 113
corkscrew dugóhúzó 120
corn *(Am.)* kukorica 52;
  (foot) tyúkszem 108
corner sarok 21, 37, 77
corn plaster tyúkszemirtó 108
cosmetics kozmetikumok 109
cost költség 131
cost, to kerülni (valamibe) 11, 133
cot gyerekágy (24)
cotton pamut 113
cotton wool vatta 108
cough köhögés 107, 141
cough, to köhögni 142
cough drops köhögés elleni cukorka 108
country ország 92
court house bíróság 81
cousin unokatestvér 93
crab rák 48
cracker sós keksz 64
cramp görcs 141
crayon zsírkréta 104
cream tejszín 60;
  (toiletry) krém 109
crease resistant gyűrődésmentes 113

credit hitel 130
credit card hitelkártya 20, 31, 62, 102, 130
crepe krepp 113
crockery edények 120
cross kereszt 121
crossing *(by sea)* átkelés 74
crossroads kereszt út 77
crystal kristály 122
cucumber uborka 52
cuff link mandzsettagomb 121
cuisine konyha 36
cup csésze 37, 60, 120
curler hajcsavar 110
currency valuta, pénznem 129
currency exchange office valutaváltás 67, 129
current örvény 91
curtain függöny 28
curve *(road)* kanyar 79
customs vám 16, 102
cut *(wound)* vágás 139
cut off, to vágni 30;
  (telephone) megszakad a vonal 135
cut glass csiszolt üveg 122
cuticle remover bőrkeeltávolító 109
cutlery evőeszköz 107, 120, 121
cycling kerékpározás 89
cystitis hólyaggyulladás 142
Czechoslovakia Csehszlovákia 146

D
dairy tejbolt 98
dance, to táncolni 88, 96
danger veszély 155, 156
dangerous veszélyes 91
dark sötét 25, 101, 111, 112
date *(day)* dátum 151
  (of birth) születés ideje 25
daughter lánya 93
day nap 16, 20, 24, 32, 80, 151
daylight nappali fény 124
day off szabadnap 151
death halál 155
decade évtized 149
December december 150
decision döntés 102
deck *(ship)* fedélzet 74

Szótár

deck chair nyugágy 91, 106
declare, something to (customs) elvámolni való 17
delicatessen csemege bolt 98
deliver, to szállítani 102
delicious finom 62
delivery szállítás 102
denim pamutvászon 113
Denmark Dánia 146
dentist fogorvos 98, 145
denture műfogsor 145
deodorant dezodor 109
department (museum) részleg 83; (shop) osztály 100
department store áruház 98
departure indulás 65
deposit letét 20, 130
dessert édesség, desszert 38, 41, 54
detour (traffic) forgalomelterelés 79
develop, to előhívni 124
diabetic cukorbeteg 38, 141
dialling code hívószám 134
diamond gyémánt 122
diaper pelenka 110
diarrhoea hasmenés 140
dictionary szótár 12, 104
diesel diesel olaj 75
diet fogyókúra 38
difficult nehéz 14
difficulty nehézség 28, 102; probléma 141
digital digitális 122
dill kapor 52
dine, to ebédelni, vacsorázni 35
dining car étkezőkocsi 66, 68, 71
dining room ebédlő 27
dinner vacsora 35, 94
direct közvetlen 65
direct to, to megmutatni merre van 13
direction irány 76
director (theatre) rendező 86
directory (phone) telefonkönyv 134
disabled rokkant 82
disc lemez 127
discotheque diszkó 88, 96
discount kedvezmény, leértékelés 131
disease betegség 142
dish étel 38

disinfectant fertőtlenítő 108
dislocate, to kiugrani 140
dissatisfied elégedetlen 103
district (town) negyed 81
disturb, to zavarni 155
diversion (traffic) forgalomelterelés 79
dizzy, to feel szédülni 140
doctor orvos 79, 137, 144, 145
doctor's office orvosi rendelő 137
dog kutya 155
doll baba 128
dollar dollár 18, 130
door ajtó 155
double bed franciaágy 23
double room kétágyas szoba 19, 23
down le 15
downstairs lent 15
downtown belváros 81
dozen tucat 149
drawing paper rajzlap 105
drawing pin rajzszög 105
dress ruha 115
dressing gown pongyola 115
drink ital, innivaló 40, 59, 60, 61
drink, to inni 36, 37
drinking water ivóvíz 32
drip, to (tap) csöpög 28
drive, to vezetni 21
driving licence jogosítvány 16, 20, 79
drop (liquid) csepp 108
drugstore gyógyszertár 98, 107
dry száraz 30, 57, 110
dry cleaner's (vegy)tisztító 29, 98
duck kacsa 51
dummy cumi 110
during közben 15
duty (customs) vám 17
dye festés 30, hajfestés 110

E
each minden 149
ear fül 138
earache fülfájás 141
ear drops fülcsepp 108
early korán 14
earring fülbevaló 121
east kelet 77
Easter Húsvét 152

easy könnyű 14
eat, to enni 37, 144
eat out, to étteremben enni 33
egg tojás 39, 64, 119
eight nyolc 147
eighteen tizennyolc 147
eighth nyolcadik 149
eighties nyolcvanas évek 149
eighty nyolcvan 148
elastic rugalmas 108
elastic bandage rugalmas fásli 108
Elastoplast sebtapasz 108
electric(al) elektromos 118
electrical appliance elektromos
    készülék 118
electricity áram 32
electronic elektromos 128
elevator lift 27, 100
eleven tizenegy 147
embankment (river) folyópart 81
embarkation point hajóállomás 74
emerald smaragd 122
emergency szükséghelyzet 156
emergency exit vészkijárat 27, 99,
    155
emery board körömreszelő 109
empty üres 14
enamel zománc 122
end vége 150
engaged (phone) foglalt 136
engagement ring eljegyzési gyűrű
    122
engine (car) motor 78
England Anglia 146
English angol 12, 80, 82, 84, 104,
    126
enjoy, to jól érezni magát 92, 96
enjoy oneself, to jól érezni magát
    96
enlarge, to kinagyítani 125
enough elég 14
enquiry információ 68
entrance bejárat 67, 99, 155
entrance fee belépő 82
envelope boríték 27, 104
equipment felszerelés 106
eraser radír 105
escalator mozgólépcső 100
Europe Európa 146
evening este 87, 95, 96, 151, 153
evening dress alkalmi öltözet 88;
    (woman) estélyi ruha 115

everything minden 31
examine, to megvizsgálni 139
exchange, to kicserélni 103
exchange rate áváltási árfolyam
    18, 130
excursion kirándulás 80
excuse, to elnézést kérni 10
exercise book füzet 105
exhaust pipe kipuffogó 78
exhibition kiállítás 81
exit kijárat 67, 99, 155
expect, to várni 130
expenses költség 131
expensive drága 14, 19, 24, 101
exposure (photography) kép 124
exposure counter kioldásszámláló
    125
express expressz 133
expression kifejezés 10
expressway autópálya 76
extension (phone) mellék 135
extension cord/lead hosszabbító
    118
external külső 108
extra pót 24; még egy 27
eye szem 138, 139
eyebrow pencil szemöldökceruza
    109
eye drops szemcsepp 108
eyeliner szemceruza 109
eye shadow szemfesték 109
eyesight látás 123
eye specialist szemész 137

F
fabric (cloth) szövet 112
face arc 138
face pack arcpakolás 30
face powder púder 109
factory gyár 81
fair vásár 81
fall (autumn) ősz 150
fall, to elesni 139
family család 93, 144
fan ventillátor 29
fan belt ékszíj 75
far távol, messze 14, 100
fare viteldíj 21, 67
farm tanya 85
fat (meat) zsír 38

father édesapa 93
faucet csap 28
February február 150
fee *(doctor)* kezelési költség 144
feeding bottle cumisüveg 110
feel, to *(physical state)* érezni 140
felt filc 113
felt-tip pen filctoll 104
ferry komp 74
fever láz 140
few kevés 14;
  (a) néhány 14
field mező 85
fifteen tizenöt 147
fifth ötödik 149
fifty ötven 147
fig füge 54
file *(tool)* reszelő 109
fill in, to kitölteni 26, 144
filling *(tooth)* tömés 145
filling station benzinkút 75
film film 86 124, 125
film winder filmtekercselő 125
filter szűrő 125
filter-tipped filteres 126
find, to találni 11, 100
fine *(OK)* jó 25
fine arts szépművészet 83
finger ujj 138
finish, to vége van 87
Finland Finnország 146
fire tűz 156
first első 68, 73, 149
first-aid kit elsősegélyláda 108
first class első osztály 69
first course előétel 41
first name keresztnév 25
fish hal, halétel 47
fish, to horgászni 90
fishing horgászat 90
fishing tackle horgászfelszerelés 106
fishmonger's halkereskedés 98
fit, to jól/rosszul állni 114
fitting room próbafülke 114
five öt 147
fix, to megjavítani, rendbe hozni 75, 145
flannel flanel 113
flash *(photography)* vaku 125
flash attachment vaku 125
flashlight zseblámpa 106

flat lapos(talpú) 117
flat tyre defektes gumi 75, 78
flea market bolhapiac 81
flight járat 65
floor emelet 27
floor show műsor 88
florist's virágbolt 98
flour liszt 38
flower virág 85
flu influenza 142
fluid folyadék 123
fog köd 94
folding chair kempingszék 106
folding table kempingasztal 106
folk music népzene 128
follow, to követni 77
food étel 38, 61
food box ételdoboz 120
food poisoning ételmérgezés 142
foot lábfej 138
football futball, labdarúgás 89
foot cream lábkenőcs 110
footpath ösvény 85
for -ért 15; -ig 143
forbid, to tiltani 155
forecast *(weather)* időjárás-jelentés 94
forest erdő 85
forget, to elfelejteni 61
fork villa 37, 61, 120
form *(document)* űrlap 133;
  bejelentőlap 25, 26
fortnight két hét 151
fortress erőd 81
forty negyven 147
foundation cream alapozó 109
fountain szökőkút 81
fountain pen töltőtoll 105
four négy 147
fourteen tizennégy 147
fourth negyedik 149
fowl szárnyasok 51
frame *(glasses)* keret 123
France Franciaország 146
free szabad 14, 70, 96; ingyenes 82; díjtalan 155
French bean zöldbab 52
french fries hasábburgonya, sült krumpli 46, 63
fresh friss 53, 61
Friday péntek 151
fried sült 49

fried egg tükörtojás 39
friend barát(nő) 93, 95
fringe frufru 30
frog béka 48
from -ból, -ből 15
front elöl 75
front utcai oldalon 23
frost fagy 94
fruit gyümölcs 53
fruit salad gyümölcs saláta 53
fruit juice gyümölcslé 38, 39, 60
frying pan serpenyő 120
full tele 14
full board teljes ellátás 24
full insurance teljeskörű biztosítás 20
furniture bútor 83
furrier's szőrmekereskedés 98

G

gabardine gabardin 113
gallery galéria 81, 98
game játék 128;
  (food) vadétel 51
garage *(repairs)* autójavító műhely 78
garden kert 85
gardens park 81
garlic fokhagyma 52
gas(leak) gáz(szivárgás) 156
gasoline benzin 75, 78
gastritis gyomorhurut 142
gauze géz 108
gem ékkő 121
general általános 100
general delivery poste restante 133
general practitioner általános orvos 137
genitals nemi szervek 138
genuine valódi 117
geology geológia 83
Germany Németország 146
get, to *(find)* találni 11; eljutni 19; kapni 21, 32;
  (call) hívni 31;
  (go) eljutni 100
get off, to leszállni 73
get to, to eljutni 19; érkezni 70
get up, to felkelni 144
gherkin uborka 64

gift ajándék 17
gin gin 59
gin and tonic gin tonikkal 59
girdle öv 115
girl lány 111;
  (child) kislány 128
girlfriend barátnő 93
give, to adni 123, 135
give way, to *(traffic)* elsőbbséget adni 79
gland mirigy 138
glass pohár 37, 61, 143
glasses szemüveg 123
gloomy borongós 84
glove kesztyű 115
glue ragasztó 105
go, to menni 96
go away, to távozni 156
gold arany 121, 122
golden arany 112
gold plate aranyozott 122
golf golf 90
golf course golfpálya 90
good jó 14, 101
goodbye viszontlátásra 10
goose liba 51
gooseberry egres 53
gram gramm 119
grammar book nyelvtankönyv 105
grape szőlő 53, 64
grapefruit grapefruit 60
grapefruit juice grapefruitlé 39, 60
gray szürke 112
graze horzsolás 139
greasy zsíros 110
great *(excellent)* nagyszerű 95
Great Britain Nagy-Britannia 146
Greece Görögország 146
green zöld 112
green bean zöldbab 52
greengrocer's zöldséges 98
greeting köszönés 10
grey szürke 112
grilled roston sült 49
grocery élelmiszerbolt 98, 119
groundsheet sátorlap 106
group csoport 82
guide idegenvezető 80
guidebook útikalauz, útikönyv 82, 104, 105
gum *(teeth)* fogíny 145
gynaecologist nőgyógyász 137

H

hair haj 30, 110
hairbrush hajkefe 110
haircut hajvágás 30
hairdresser's fodrászat 30, 98
hair dryer hajszárító 118
hairgrip hajcsat 110
hair lotion hajbalzsam 110
hair slide hajcsat 110
hairspray hajlakk 30, 110
half fél 149
half fél, fele 149
half an hour fél óra 153
half board félpanzió, napi két
  étkezés 24
half price (ticket) félárú jegy 69
hall (large room) terem 81, 88
hall porter portás 26
ham sonka 39, 49, 63, 64
ham and eggs sonka tojással 39
hammer kalapács 120
hammock függőágy 106
hand kéz 138
handbag táska 115, 156
hand cream kézkrém 109
handicrafts kézművesség 83
handkerchief zsebkendő 115
handmade kéziszövésű 112
hanger akasztó 27
happy boldog 152
harbour kikötő 81
hard kemény 123
hard-boiled (egg) kemény (tojás)
  39
hardware store vasedény bolt 99
hat kalap 115
have, to birtokolni 161
hay fever szénanátha 107, 141
hazelnut mogyoró 53
he ő 161
head fej 138, 139
headache fejfájás 141
headphones fülhallgató 118
head waiter főpincér 61
health insurance (beteg)biztosítás
  144
health insurance form
  (beteg)biztosítási ív 144
heart szív 138
heart attack szívinfarktus 141
heating fűtés 28
heavy nehéz 14, 101

heel sarok 117
helicopter helikopter 74
hello! szia 10
  (phone) halló 135
help segítség 156
help! segítség! 156
help, to segíteni 13, 21, 71, 100
her az ő... 162
here itt 14
high (blood pressure) magas 141
high season főszezon 150
hill hegy 85
hire kölcsönzés 20
hire, to bérelni, kölcsönözni 19, 20,
  90, 91;
  (for hire) kiadó 155
his az ő... 162
history történelem 83
hitchhike, to stoppolni 74
hold on! (phone) tartsa a vonalat
  136
hole lyuk 29
holiday ünnepnap 151
holidays szabadság 16, 151
home address lakcím 25
honey méz 39
hope, to remélni 96
hors d'oeuvre előétel 42
horseback riding lovaglás 89, 91
horse racing lóversenyzés 89
hospital kórház 99, 144
hot meleg 14, 25, 94; forró 39, 155
hotel szálloda 19, 21, 22
hotel guide szállodajegyzék 19
hotel reservation szállodai
  szobafoglalás 19
hot water meleg víz 23, 28; forró
  víz 39
hot-water bottle ágymelegítő 27
hour óra 80, 143, 153
house ház 83, 85
household háztartás 120
how hogy 11
how far milyen messze 11, 76, 85
how long mennyi ideig, meddig
  11, 24
how many mennyi, hány 11
how much mennyi 11, 24
hundred száz 148
Hungarian magyar 11, 12, 95, 113
Hungary Magyarország 146
hungry, to be éhes(nek) lenni 13

hunt, to vadászni 90
hurry (to be in a) sietni 21, 37
hurt, to fájni 139, 140, 145;
(oneself) megütni, megsérülni 139
husband férj 93

I
I én 161
ice jég 94
ice-cream fagylalt 55, 63, 64
ice cube jégkocka 27
ice pack hűtőtáska 106
ill beteg 140, 156
illness betegség 140
important fontos 13
imported import 112
impressive lenyűgöző 84
in -ban, -ben 15
include, to magában foglalni
(benne van) 20, 24, 31, 32, 62, 80
included, to be benne van 40, 62
India India 146
indigestion gyomorrontás 141
indoor *(swimming pool)* fedett 90
inexpensive olcsó 36, 124
infect, to fertőzni 140
infection fertőzés 141
inflammation gyulladás 142
inflation infláció 131
inflation rate inflációs ráta 131
influenza influenza 142
information információ 67, 155
injection injekció 142, 144
injure, to megsérülni 139
injured sérült 79, 139
injury sérülés 139
ink tinta 105
inn csárda 33
inquiry információ 68
insect bite rovarcsípés 107, 139
insect repellent rovarirtó 108
insect spray rovarirtó spray 108
inside bent 15
instead helyett 38
insurance biztosítás 20, 79, 144
insurance company biztosító
(társaság) 79
interest kamat 131
interested, to be érdeklődni 83, 96
interesting érdekes 84

international nemzetközi 134
interpreter tolmács 131
intersection keresztút 77
introduce, to bemutatni 92
introduction *(social)* bemutatkozás
92
investment befektetés 131
invitation meghívás 94
invite, to meghívni 94
invoice számla 131
iodine jód 108
Ireland Írország 146
Irish ír 93
iron *(laundry)* vasaló 118
iron, to kivasalni 29
ironmonger's vasáru bolt 99
Italy Olaszország 146
its az ő 162
ivory elefántcsont 122

J
jacket *(man)* zakó 115;
(woman) blézer
jade jáde 122
jam lekvár 39, 119
jam, to beszorulni 28; megakadni
125
January január 150
Japan Japán 146
jar üveg 119
jaundice sárgaság 142
jaw állkapocs 138
jazz dzsessz 128
jeans farmer 115
jewel box ékszeres doboz 121
jeweller's ékszerbolt 99, 121
jewellery ékszer 121
joint ízület 138
journey utazás 72; út 152
juice lé 38, 60
July július 150
June június 150
just *(only)* csak 16, 100

K
kerosene petróleum 106
key kulcs 27
kidney vese 138

DICTIONARY

kilo(gram) kiló (gramm) 119
kilometre kilométer 20
kind kedves 95
knee térd 138
knife kés 37, 61, 120
know, to tudni 16, 24; ismerni 96, 113

L
label címke 105
lace csipke 113
lady nő 155
lake tó 81, 85, 90
lamp lámpa 29, 106, 118
lantern lámpás 106
large nagy 20, 101, 117
last utolsó 14, 68, 73; múlt 151
last name (családi) név 25
late későn 95
later később 135
laugh, to nevetni 95
launderette mosoda 99
laundry (place) patyolat, mosoda 29, 99;
(clothes) mosnivaló 29
laundry service mosoda 23
laxative hashajtó 109
lead (metal) ólom 7
leap year szökőév 149
leather bőr 113, 117
leave, to (depart) indulni 31, 68, 74; elmenni 95;
(deposit) hagyni 26, 71
leave alone, to békén hagyni 96, 156
left bal 21, 63, 69, 77
left-luggage office poggyászmegőrző 67, 71
leg láb 138
lemon citrom 38, 39, 53, 60, 64
lemonade limonádé 60
lemon juice citromlé 60
lens (glasses) lencse 123;
(camera) lencse 125
lens cap lencsefedő 125
lentil lencse 52
less kevesebb 15
lesson lecke 91
let, to (hire out) kiadó 155

letter levél 132
letter box postaláda 132
letter of credit hitellevél 130
lettuce saláta 52
level crossing vasúti átjáró 79
library könyvtár 81, 99
licence (permit) jogosítvány 20, 79
lie down, to lefeküdni 142
life belt mentőöv 74
life boat mentőcsónak 74
lifeguard (vízi)mentőszolgálat, úszómester 91
lift lift 27, 100
light könnyű 14, 55, 101, 128;
(colour) világos 101, 111, 112
light világítás 28; fény 124;
(cigarette) tűz 95
lighter öngyújtó 126
lighter fluid öngyújtó benzin 126
lighter gas öngyújtó gáz 126
light meter fénymérő 125
lightning villámlás 94
like, to szeretni 13, 20, 23, 103, 112;
(take pleasure) tetszeni 25, 102
linen (cloth) vászon 113
lip ajak 138
lipsalve szőlőzsír 109
lipstick rúzs 109
liqueur likőr 59
listen, to (meg)hallgatni 128
litre liter 75, 119
little (a) egy kis 14
live, to élni 83
liver máj 49, 138
local helyi 37, 69
London London 28, 130
long sokáig 61; hosszú 115
long-sighted távollátó 123
look, to nézelődni 100; nézni 123
look for, to keresni 13
look out! vigyázat 156
loose (clothes) bő 115
lose, to elveszteni 123, 156
loss veszteség 131
lost, to get eltévedni 13, 156
lost and found office talált tárgyak irodája/ hivatala 67, 156
lost property office talált tárgyak irodája/ hivatala 67, 156
lot (a) sok 14

Szótár

lotion arcszesz 109
loud *(voice)* hangos 135
love, to szeretni 95
lovely gyönyörű 94
low alacsony 141
lower alsó 69, 71
low season holt szezon 150
luck szerencse 152
luggage csomag, poggyász 18, 26, 31, 71
luggage locker poggyászmegőrző 18, 67, 71
luggage trolley poggyász (kézi) kocsi 18, 71
lump *(bump)* csomó 139
lunch ebéd 35, 80, 94
lung tüdő 138

M

machine gép 113
magazine folyóirat 105
magnificent pompás 84
maid szobalány 26
mail posta 28, 133
mail, to feladni 28
mailbox postaláda 132
main *(most important)* legfontosabb 80
make, to csinálni 71
make up, to *(prepare)* elkészíteni 107
make-up remover pad make-up eltávolító 109
man férfi 114, 155
manager igazgató 26
manicure manikűr 30
many sok 15
map térkép 76, 105
March március 150
marjoram majoránna 52
market piac 81, 99
married házas 93
mass *(church)* mise 84
match gyufa 126;
 (sport) meccs 89
match, to *(colour)* illeni 112
matinée matiné 87
mattress matrac 106
mauve mályvaszínű 112

May május 150
may *(can)* -hat/-het 12, 159
meadow rét 85
meal étkezés 24, 35, 143
mean, to jelenteni 11, 26
means eszközök 74
measles kanyaró 142
measure, to megmérni 113
meat hús 49, 61
meatball húsgombóc 45
mechanic szerelő 78
mechanical pencil töltőceruza 105, 121
medical orvosi 144
medical certificate orvosi igazolás 144
medicine orvostudomány 83;
 (drug) gyógyszer/orvosság 143
medium *(meat)* közepesen kisütve 49
medium-sized közepes(méretű) 20
meet, to találkozni 96
melon dinnye 53
memorial emlékmű 81
mend, to megjavítani 75
menthol *(cigarettes)* mentolos 126
menu menü m 37;
 (printed) étlap 37, 40
merry boldog 152
message üzenet 28, 136
metre méter 111
mezzanine *(theatre)* erkély 87
middle középső 69; közepe 150
midnight éjfél 153
mild gyenge 126
mileage kilométer járulék 20
milk tej 39, 60, 64
milliard milliárd 148
million millió 148
mineral water ásványvíz 60
minister *(religion)* plébános 84
minute perc 153
mirror tükör 114, 123
miscellaneous vegyes 127
Miss kisasszony 10
miss, to hiányzik 18, 29, 61
mistake hiba 31, 62, 102
moccasin mokasszin 117
modified American plan napi két étkezés/félpanzió 24
moisturizing cream hidratáló krém 109

moment pillanat 136
monastery kolostor 81
Monday hétfő 151
money pénz 129, 130
money order pénzbefizetés 133
month hónap 16, 150
monument emlékmű 81
moon hold 94
moped moped 74
more több 14
morning reggel, délelőtt 151, 153
mortgage jelzálog 131
mosque mecset 84
mosquito net szúnyogháló 106
mother édesanya 93
motorbike motorkerékpár 74
motorboat motorcsónak 91
motorway autópálya 76
mountain hegy 85
moustache bajusz 31
mouth száj 138
mouthwash szájvíz 108
move, to mozgatni 139
movie film 86
movie camera filmfelvevőgép 124
movies mozi 86, 96
much sok 14
mug bögre 120
mulberry szeder 53
muscle izom 138
museum múzeum 81
mushroom gomba 52
music zene 83, 128
musical musical 86
must kell 31, 37, 61
mustard mustár 64
my az én 162

N
nail *(human)* köröm 109
nail brush körömkefe 109
nail clippers körömolló 110
nail file körömreszelő 109
nail polish körömlakk 109
nail polish remover körömlakk
  lemosó 109
nail scissors körömolló 109
name név 25, 79, 85
napkin szalvéta 37, 105

nappy pelenka 110
narrow keskeny 117
nationality nemzetiség 25, 92
natural history
  természettudomány 83
nauseous, to feel hányingere van
  140
near közel 14, 15
nearby a közelben 77, 84
nearest legközelebbi 73, 75, 78, 98
neat *(drink)* tisztán 59
neck nyak 138;
  (nape) nyak 30
necklace nyaklánc 121
necessary szükséges 88
need, to szüksége van ... -ra/-re 29
needle tű 27
negative negatív 124, 125
nephew unokaöccs 93
nerve ideg 138
nervous system idegrendszer 138
never soha 15
new új 14
newsagent's újságos 99
newspaper újság 104, 105
newsstand újságos 19, 67, 99, 104
New Year Újév 152
New Zealand Új-Zéland 146
next következő 14, 65, 68, 73, 76;
  jövő 151
next time legközelebb 95
next to mellett 15, 77
nice *(beautiful)* szép 94
niece unokahúg 93
night éjszaka 24, 151
night club éjszakai klub 88
night cream éjszakai krém 109
nightdress hálóing 116
nine kilenc 147
nineteen tizenkilenc 147
ninety kilencven 148
ninth kilencedik 149
no nem 10
noisy zajos 25
nonalcoholic alkoholmentes 60
none egyik sem 15
nonsmoker nemdohányzó 37, 70
noodle galuska 46
noon dél 31, 153
normal normál 30
north észak 77
North America Észak-Amerika 146

Norway Norvégia 146
nose orr 138
nosebleed orrvérzés 141
nose drops orrcsepp 108
not nem 15, 163
note *(banknote)* bankjegy, címlet 130
notebook jegyzettömb 105
note paper írólap 105
nothing semmi 15, 17
notice *(sign)* felirat 155
notify, to értesíteni 144
November november 150
now most 15
number szám 26, 65, 134, 136
nurse nővér 144
nutmeg szerecsendió 52

O

occupation foglalkozás 25
occupied foglalt 14, 155
o'clock óra 153
October október 150
office iroda, hivatal 19, 67, 99, 156
oil olaj 38, 75
oily *(greasy)* zsíros 30, 110
old öreg, régi 14
old town régi városnegyed 81
omelet omlett 43
on -on/-en/-ön 15
  (onto) -ra/-re
on and off változó 140
once egyszer 149
one egy 147
one-way *(ticket)* csak oda 65, 69
  (street) egyirányú 79
on foot gyalog 76
onion hagyma 52
only csak 15, 24, 80
on time időben 68
onyx óniksz 122
open nyitva 14, 82, 155
open, to (ki)nyitni 11, 17, 107, 130, 132, 142
open-air szabadtéri 90
opera opera 72, 88
opera house opera(ház) 81, 88
operation operáció 144
operator központ 134

operetta operett 88
opposite szemben 77
optician látszerész 99, 123
or vagy 15
orange narancssárga 112
orange narancs 53, 64
orange juice narancslé 39, 60
orchestra zenekar 88;
  (seats) földszint 87
order *(goods, meal)* (meg)rendelés 37, 102
order, to *(goods, meal)* (meg)rendelni 61, 102, 103
ornithology madártan 83
other egyéb, más 59, 74
our a mi... 162
out of order nem működik 155
out of stock elfogyott 103
outlet *(electric)* konnektor 27
outside kint 15, 37
oval ovális 101
overalls overall 115
overdone oda van égetve 61
overheat, to *(engine)* túlforrósodni 78
overnight *(stay)* éjszakára 24
overtake, to előzni 79
owe, to tartozni 144

P

pacifier *(baby's)* cumi 111
packet csomag 119, 126
pail vödör 128
pain fájdalom 140, 141, 144
painkiller fájdalomcsillapító 140
paint festék 105
paint, to festeni 83
paintbox festékdoboz 105
painter festő 83
painting festészet 83
pair pár 115, 117, 149
pajamas pizsama 116
palace palota 81
palpitation szívdobogás 141
pancake palacsinta 63
panties bugyi 115
pants *(trousers)* nadrág 115
panty girdle harisnyatartó 115
panty hose harisnyanadrág 115

paper papír 105
paperback zsebkönyv 105
paperclip gemkapocs 105
paper napkin papírszalvéta 105, 120
paraffin *(fuel)* petróleum 106
parcel csomag 132, 133
pardon tessék 11
parents szülők 93
park park 81
park, to parkolni 77
parking parkolás 77, 79
parking meter parkolóóra 77
parliament parlament 81
parsley petrezselyem 52
part rész 138
party *(social gathering)* parti 95
pass *(mountain)* hágó 85
pass, to *(car)* előzni 79
passport útlevél 16, 17, 25, 26, 156
passport photo útlevélkép 124
pass through, to átutazóban lenni 16
pasta tészta 46
paste *(glue)* ragasztó 105
pastry sütemény 64
pastry shop cukrászda 99
patch, to *(clothes)* megfoltozni 29
path ösvény 85
patient páciens 144
pay, to fizetni 31, 62, 102
payment fizetés, fizettség 102, 131
pea zöldborsó 52
peach őszibarack 53, 119
peak hegycsúcs 85
pear körte 53
pearl gyöngy 122
pedestrian gyalogos 79
peg *(tent)* cövek 107
pen toll 105
pencil ceruza 105
pencil sharpener hegyező 105
pendant függő 121
penicilline penicillin 143
penknife zsebkés 106
pensioner nyugdíjas 82
people emberek 92
pepper bors 38, 39, 64; paprika 52
per cent százalék 149
percentage százalék 131
per day naponta, egy napra 20, 32, 90

perform, to *(theatre)* játszani 86
performance előadás 87
perfume kölni 109
perhaps talán 15
per hour óránként 77, 90
period *(monthly)* menstruáció 141
period pains menstruációs fájdalmak 141
permanent wave tartós hullám 30
permit engedély 90
per night egy éjszakára 24
per person személyenként 32
person személy 32; fő 37
personal személyes 17
per week egy hétre/hetente 20, 24
petrol benzin 75, 78
pewter ón 122
pheasant fácán 51
photo fénykép, fotó 125
photocopy fénymásolat 131
photograph, to fényképezni 82
photographer fényképész 99
photography fényképészet 124
phrase kifejezés 12
pick up, to *(person)* felvenni 80, 96
picnic piknik 63
picnic basket kosár 106
picture *(painting)* kép 83; *(photo)* fénykép 82
piece darab 119
pig malac 50
pike csuka 47
pill tabletta 141, 143
pillow párna 27
pin tű 109, 110, 121
pineapple ananász 53
pink rózsaszín 112
pipe pipa 126
pipe cleaner pipatisztító 126
pipe tobacco pipadohány 126
pipe tool pipapiszkáló 126
place hely 25, 76
place of birth születés helye 25
plane repülőgép 65
planetarium planetárium 81
plaster *(cast)* gipsz 140
plastic műanyag 120
plastic bag nylon szatyor 120
plate tányér 37, 61, 120
platform *(station)* vágány 67, 68, 69, 70
platinum platina 122

play *(theatre)* darab 86
play, to játszani 86, 88, 89
playground játszótér 32
playing card kártya 105
please kérem 10
plimsolls tornacipő 117
plug *(electric)* dugó 29
plum szilva 53
pneumonia tüdőgyulladás 142
pocket zseb 116
pocket calculator zsebszámológép 105
pocket watch zsebóra 121
point, to *(show)* (meg) mutatni 12
poison méreg 108, 156
poisoning mérgezés 142
police rendőrség 78, 156
police station rendőrség 99, 156
polish *(nails)* (köröm) lakk 109
pond tó 85
pop music popzene 128
poplin puplin/ballon 113
poppy mák 44
porcelain porcelán 127
pork sertés 49
port *(hajó)* állomás 74
portable hordozható 118
porter hordár 18, 71;
  (hotel) hordár/boy 26
portion adag 38, 55, 61
Portugal Portugália 146
possible lehet 137
post *(letters)* posta 28, 133
post, to feladni 28
postage postaköltség 132
postage stamp bélyeg 28, 126, 132
postcard képeslap 126, 132
poste restante poste restante 133
post office posta 99, 156
potato burgonya, krumpli 46, 52
pottery cserépedény, kerámia 83, 127
poultry szárnyas 51
pound *(money)* font 18, 130;
  (weight) font 119
powder púder 109
powder compact púdertartó 122
powder puff púder pamacs 109
pregnant terhes 141
premium *(gasoline)* szuper 75
prescribe, to felírni 143
prescription recept 107, 143

present ajándék 17
press, to *(iron)* vasalni 29
press stud patentgomb 116
pressure nyomás 141
pretty szép 84
price ár 154
priest pap 84
print *(photo)* kép 125
private külön, privát, magán 23, 80, 91, 155
processing *(photo)* előhívás 124
profession foglalkozás 25
profit profit 131
programme műsor (füzet) 87
prohibited tilos 155
pronunciation kiejtés 6
propelling pencil töltőceruza 105, 122
propose, to ajánlani 37
Protestant református 84
provide, to biztosítani 131
public holiday hivatalos ünnep 152
pull, to húzni 155
pullover pulóver 116
puncture defektes gumi 75
purchase vétel 131
pure tiszta 113
purple bordó 112
push, to tolni 155
put, to tenni 24
pyjamas pizsama 116

Q

quality minőség 112
quantity mennyiség 14
quarter negyed 149;
  (part of town) negyed 81
quarter of an hour negyed 153
quartz quartz 122
question kérdés 11
quick gyors 14, 156
quickly gyorsan 79, 156
quiet csendes 23, 25

R

rabbi rabbi 84
rabbit nyúl 48
race course/track pálya 90
racket *(sport)* ütők 90

radiator *(car)* hűtő 78
radio *(set)* rádió 23, 118
railroad crossing vasúti átjáró 79
railway vasút 154
railway station pályaudvar,
   vasútállomás 19, 21, 67, 70
rain eső 94
rain, to esni 94
raincoat esőkabát 116
raisin mazsola 54
rangefinder távolságmérő 125
rare *(meat)* nincs eléggé átsütve 61
rash kiütés 139
raspberry málna 53
rate *(inflation)* inflációs ráta 131;
   (exchange) átváltási árfolyam 18,
   130
razor borotva 109
razor blade borotvapenge 109
reading-lamp olvasólámpa 27
ready készen 29, 117, 123, 125, 145
real valódi 117
rear hátul 75
receipt blokk 103; elismervény 144
reception recepció 23
receptionist recepciós 26
recommend, to ajánlani 36, 137,
   145; ajánlani 80, 86
record *(disc)* lemez 127, 128
record player lemezjátszó 118
rectangular négyszögletes 101
red vörös, piros 59, 112
redcurrant ribizli 53
reduction kedvezmény 24, 82
refill *(pen)* tollbetét 105
regards üdvözlet 152
register, to *(luggage)* feladni 71
registered mail ajánlva 133
registration bejelentkezés 25
registration form bejelentőlap 25,
   26
regular *(petrol)* normál 75
religion vallás 83
religious service egyházi
   szolgáltatás/szertartás 84
rent, to bérelni 19, 20, 90, 91, 119,
   155
rental kölcsönzés 20
repair javítás 105
repair, to megjavítani 29, 117, 118,
   121, 123, 125, 145
repeat, to megismételni 12

report, to *(a theft)* bejelenteni 156
required szükséges 88
reservation szobafoglalás 19, 23,
   jegyfoglalás 65, helyfoglalás 69
reserve, to foglalni 19, 23, 37, 69
restaurant étterem, vendéglő 19,
   32, 34, 36, 67
return *(ticket)* oda-vissza 65, 69
return, to *(give back)* visszaad 103
reverse the charges, to R-
   beszélgetést kérni 135
rheumatism reuma 141
rib borda 138
ribbon szalag 105
rice rizs 46
right jobb 21, 63, 69, 77;
   (correct) helyes 14
ring *(on finger)* gyűrű 122
ring, to *(doorbell)* csengetni 155;
   (phone) telefonálni 134
river folyó 85, 90, 85
road út 76, 77, 85
road assistance autómentő 78
road map autótérkép 105
road sign közlekedési tábla 79
roasted sült 49
roll *(bread)* zsemle 39, 64
roller skate görkorcsolya 128
roll film tekercs film 124
room szoba 19, 23, 24, 25;
   (space) hely 32
room number szoba szám 26
room service felszolgálás a
   szobában 23
rope kötél 106
rosary rózsafűzér 122
rosemary rozmaring 52
round kerek 101
round *(golf)* játszma 90
round-neck kereknyakú 116
roundtrip oda-vissza 65, 69
route útvonal 85
rowing-boat evezős csónak 91
royal királyi 81
rubber *(material)* gumi 117;
   (eraser) radír 105
ruby rubint 122
rucksack hátizsák 106
ruin rom 81
ruler *(for measuring)* vonalzó 105
rum rum 59
running water folyó víz 23

S

safe *(not dangerous)* biztonságos 90
safe széf 26
safety pin biztosítótű 109
saffron sáfrány 52
sailing-boat vitorlás 91
salad saláta 42
sale eladás 131;
   (bargains) kiárusítás 100
salt só 38, 39, 64
salty sós 61
sand homok 90
sandal szandál 117
sandwich szendvics 63
sanitary towel/napkin
   papírtörülköző 108
sapphire zafír 122
satin szatén 113
Saturday szombat 151
sauce mártás 48
saucepan nyeles serpenyő 120
saucer kistányér 107
sausage virsli, kolbász 64
say, to mondani 12
scarf sál 116
scarlet skarlátvörös 112
scenic route szép útvonal 85
school iskola 79
scissors olló 109
scooter robogó 74
Scotland Skócia 146
scrambled egg rántotta 39, 63
screwdriver csavarhúzó 120
sculptor szobrász 83
sculpture szobrászat 83
season évszak 150
seasoning fűszer 38
seat hely 69, 70, 87
seat belt biztonsági öv 75
second második 149
second másodperc 153
second class másodosztály 69
second hand másodpercmutató 122
second-hand használt 104
secretary titkárnő 27, 131
see, to látni, nézni 12, 80
sell, to árulni 100
send, to küldeni 78, 102, 103; feladni 132
send up, to felküldeni 26

sentence mondat 12
separately külön-külön 62
September szeptember 150
seriously *(wounded)* súlyosan 139
service kiszolgálás 24, 100;
   szolgáltatás 98
   (church) szertartás 84
serviette szalvéta 37
set (hair) berakni 30
set menu napi menü 37, 40
setting lotion fixatőr 30, 110
seven hét 147
seventeen tizenhét 147
seventh hetedik 149
seventy hetven 148
sew, to varrni 29
shampoo sampon 30, 110
shampoo and set mosás és berakás 30
shape forma 103
share *(finance)* részvény 131
sharp *(pain)* éles 140
shave, to borotválni 31
shaver borotva 27, 118
shaving brush borotvapamacs 109
shaving cream borotvakrém 109
she ő 161
shelf polc 119
ship hajó 74
shirt ing 116
shivery, to feel rázza a hideg 140
shoe cipő 117
shoelace cipőfűző 117
shoemaker's cipész 99
shoe polish cipőkrém 117
shoe shop cipőbolt 99
shop üzlet, bolt 98
shopping vásárlás 97
shopping area vásárló negyed 81, 100
shopping centre bevásárló központ 99
short rövid 30, 115
shorts sort 116
short-sighted rövidlátó 123
shoulder váll 138, lapocka 49
shovel lapát 128
show előadás 87, műsor 88
show, to (meg)mutatni 13, 76, 100, 101, 103, 118, 124

shower zuhanyozó 23, 32
shrink, to összemenni 113
shut zárva 14
shutter *(window)* zsalu 29; *(camera)* zár 125
sick *(ill)* beteg 140, 156
sickness *(illness)* betegség 140
side oldal 30
sideboards/burns pajesz 31
sightseeing városnézés 80
sightseeing tour városnéző körút 80
sign *(notice)* felirat 155; *(road)* jelzőlámpa 79
sign, to aláírni 26, 130
signature aláírás 25
signet ring pecsétgyűrű 122
silk selyem 113
silver *(colour)* ezüstszínű 112
silver ezüst 121, 122
silver plate ezüstözött 122
silverware ezüst evőeszköz 122
simple egyszerű 124
since óta 15, 150
sing, to énekelni 88
single *(woman/man)* hajadon/ nőtlen 93
single *(ticket)* csak oda 65, 69
single room egyágyas szoba 19, 23
sister lánytestvér 93
sit down, to leülni 95
six hat 147
sixteen tizenhat 147
sixth hatodik 149
sixty hatvan 147
size *(format)* méret 124; *(clothes)* méret 113, 114; *(shoes)* méret 117
skate korcsolya 91
skating rink korcsolyapálya 91
ski sí 91
ski, to síelni 91
skiing síelni 89, 91
skin bőr 138
skin-diving equipment búvárfelszerelés 106
skirt szoknya 116
sky ég 94
sleep, to aludni 144
sleeping bag hálózsák 106
sleeping-car hálókocsi 66, 68, 69, 70

sleeping pill altató 108, 143
sleeve (ruha)ujj 115
slice *(ham)* szelet 119
slide *(photo)* dia 124
slip kombiné 116
slipper papucs 117
slow lassú 14
slow down, to lassítani 79
slowly lassan 12, 21, 135
small kicsi, kis 14, 20, 25, 101, 117
smoke, to dohányozni 95
smoker dohányzó 70
snack gyorsétkezés/snack 63
snack bar büfé 33, 67
snap fastener patent 116
sneakers tornacipő 117
snorkel búvárpipa 128
snow hó 94
snow, to havazni 94
snuff tubák 126
soap szappan 27, 110
soccer futball, labdarúgás 89
sock zokni 116
socket *(outlet)* konnektor 27
soft lágy 123
soft *(drink)* üdítő 64
soft-boiled *(egg)* lágy(tojás) 39
sold out *(theatre)* minden jegy elkelt 87
sole talp 117
soloist szólista 88
someone valaki 95
something valami 25, 37, 107, 111, 112, 139
somewhere valahol 87
son fia 93
song dal 128
soon hamarosan 15
sore *(painful)* érzékeny 145
sore throat torokfájás 141
sorry sajnálom 11, 16
sort *(kind)* fajta 119
soup leves 44
south dél 77
South Africa Dél-Afrika 146
South America Dél-Amerika 146
souvenir souvenir 127
souvenir shop souvenir bolt 99
Soviet Union Szovjetunió 146
spade lapát 128
Spain Spanyolország 146
spare tyre tartalékgumi 75

sparking plug gyújtógyertya 76
speak, to beszélni 12, 135
speaker *(loudspeaker)* hangfal 118
special speciális 38
special delivery expressz 133
specialist szakorvos 142
speciality különlegesség 45
specimen *(medical)* minta 142
spectacle case szemüvegtok 123
spell, to elbetűzni 12
spend, to költeni 101
spice fűszer 52
spinach spenót 52
spine gerinc 138
sponge szivacs 110
spoon kanál 37, 61, 120
sport sport 89
sporting goods shop
  sportszerkereskedés 99
sprain, to kificamodni 140
spring *(season)* tavasz 150;
  (water) forrás 85
square négyzet alakú 101
square tér 81
stadium stadion 82
staff személyzet 26
stain folt 29
stainless steel rozsdamentes acél
  120, 122
stalls *(theatre)* földszint 87
stamp *(postage)* bélyeg 28, 126,
  132, 133
staple U-kapocs 105
star csillag 94
start, to kezdődni 80, 87, 88;
  (car) beindulni 78
starter *(appetizer)* előétel 42
station *(railway)* pályaudvar 19,
  67; állomás 21, 70
  (underground, subway)
  metróállomás 73
stationer's papír-írószer bolt 99,
  104
statue szobor 82
stay, to maradni 16, 24, 26;
  (reside) lakni 93
steal, to ellopni 156
stew pörkölt 49
stewed pörköltnek, főtt 49
stiff neck nyakmerevedés 141
sting csípés 139
sting, to megcsípni 139

stitch, to megvarrni 29, 117
stock, out of *(in shop)* elfogyott
  103
stocking harisnya 116
stomach gyomor 138
stomach ache gyomorfájás 141
stools széklet 142
stop (bus) (busz) megálló 72, 73
stop! álljon meg! 156
stop, to megállni 21, 68, 70, 72
stop thief! fogják meg, tolvaj! 156
store *(shop)* üzlet, bolt 98
straight *(drink)* tisztán 59
straight ahead egyenesen tovább
  21, 77
strange furcsa 84
strawberry eper 53
street utca 25
streetcar villamos 72
street map (város) térkép 19, 105
string zsineg 105
strong erős 143
student diák 82, 93
study, to tanulni 93
stuffed töltött 42
sturdy szilárd 101
subway *(railway)* metró 73
suede antilopbőr 114, 117
sugar cukor 38, 64
suit *(man)* öltöny 116;
  (woman) kosztüm 116
suitcase bőrönd 18
summer nyár 150
sun nap 94
sunburn leégés 107
Sunday vasárnap 151
sunglasses napszemüveg 123
sunny napos 94
sunshade *(beach)* napernyő 91
sunstroke napszúrás 141
sun-tan cream napozókrém 110
sun-tan oil napolaj 110
super *(petrol)* szuper 75
superb kiváló 84
supermarket ABC-áruház 99
suppository kúp 108
surgeon sebész 137
surgery *(consulting room)* orvosi
  rendelő 137
surname (családi)név 25
suspenders *(Am.)* nadrágtartó 117
swallow, to lenyelni 143

sweater kardigán 116
sweatshirt hosszúújjú póló 116
Sweden Svédország 146
sweet édes 59, 61
sweet *(candy)* cukorka 126
sweet corn kukorica 52
sweetener szacharin 38
swell, to bedagadni 139
swelling duzzanat 139
swim, to úszni, fürdeni 90
swimming úszás 89; fürdés 91
swimming pool uszoda 32, 90
swimming trunks úszónadrág 116
swimsuit fürdőruha 116
switch *(light)* kapcsoló 29
switchboard operator
   telefonközpontos 26
switch on, to *(light)* felkapcsolni 79
Switzerland Svájc 146
swollen bedagadt 139
synagogue zsinagóga 84
synthetic szintetikus 113
system rendszer 138

T
table asztal 37, 106
tablet tabletta 108
tailor's szabó 99
take, to vinni 18; kivenni 25; tartani
   72; megvenni 102; hordani 114
take away, to *(carry)* elvinni 63
talcum powder púder 110
tampon tampon 108
tangerine mandarin 53
tap *(water)* csap 28
tape recorder (kazettás)magnó 118
taxi taxi 19, 21, 31
tea tea 39, 60, 64
team csapat 89
tear, to elszakadni 140
teaspoon kávéskanál 120, 143
telegram távirat 133
telegraph office távíróhivatal 99
telephone telefon 28, 78, 79, 134
telephone, to telefonálni 134
telephone booth telefonfülke 134
telephone call telefonbeszélgetés
   136
telephone directory telefonkönyv
   134

telephone number telefonszám
   135, 136
telephoto lens teleobjektív 125
television *(set)* televízió, TV 23, 28,
   118
telex telex 133
telex, to telexezni 130
tell, to megmondani 13, 76, 136,
   153
temperature *(fever)* láz 140
temporary ideiglenes 145
ten tíz 147
tendon ín 138
tennis tenisz 89
tennis court teniszpálya 89
tennis racket teniszütő 90
tent sátor 32, 106
tenth tizedik 149
tent peg sátorcövek 106
tent pole sátorcölöp 106
term *(word)* kifejezés 131
terrace terasz 37
terrifying rémisztő 84
tetanus tetanusz 140
than mint 14
thank you köszönöm 10
the a, az 160
theatre színház 82, 86
theft lopás 156
their az ő... l62
then aztán 15
there ott 14
thermometer hőmérő 108,
   lázmérő 144
they ők 161
thief tolvaj 156
thigh comb 138
thin vékony 112
think, to gondolni 94;
   (believe) hinni 62
third harmadik 149
third harmad 149
thirsty, to be szomjas(nak) lenni
   13, 140
thirteen tizenhárom 147
thirty harminc 147
thousand ezer 148
thread cérna 27
three három 147
throat torok 138, 141
throat lozenge torokfájás elleni
   cukorka 108

through keresztül, át 15
through train gyorsvonat 68, 69
thumb hüvelyk 138
thumbtack rajzszeg 105
thunder mennydörgés 94
thunderstorm vihar 94
Thursday csütörtök 151
thyme kakukkfű 52
ticket jegy 65, 69, 87, 156;
  (bus) jegy 72
ticket office jegypénztár 67
tie nyakkendő 116
tie clip nyakkendő csíptető 122
tie pin nyakkendőtű 122
tight *(clothes)* szűk 115
tights harisnyanadrág 116
time idő 80, 153
timetable menetrend 68
tin *(can)* konzerv 119
tinfoil alufólia 120
tin opener konzervnyitó 120
tint festék 110
tinted füstszínű 123
tire (autó)gumi 75
tired fáradt 14
tissue *(handkerchief)*
  papírzsebkendő 110
to -ba, -be, felé 15
toast pirítós 39
tobacco dohány 126
tobacconist's dohánybolt 99, 126
today ma 29, 151
toe lábujj 138
toilet *(lavatory)* W.C. 27, 32, 38, 67
toilet paper W.C. papír 110
toiletry kozmetikumok 109
toilet water kölnivíz 110
tomato paradicsom 52, 119
tomato juice paradicsomlé 60
tomb sír 82
tomorrow holnap 29, 151
tongue nyelv 49, 138
tonight ma este 29, 86, 87
tonsil mandula 138
too túl 14;
  (also) is 15
tooth fog 145
toothache fogfájás 145
toothbrush fogkefe 110
toothpaste fogkrém 110
top teteje 30, felül 145
topaz topáz 122

torch *(flashlight)* zseblámpa 106
torn elszakadt 140
touch, to érinteni 155
tough *(meat)* rágós, kemény 61
tour városnézés 80, 74
tourist office utazási iroda 80
tourist tax területhasználati díj 32
towards felé 15
towel törülköző 27, 110
tower torony 82
town város 19, 21, 76
town hall városháza 82
tow truck szervizkocsi, autómentő
  78
toy játék 128
toy shop játékbolt 99
track *(station)* vágány 67, 68, 69
tracksuit melegítő 116
traffic közlekedés, forgalom 79
traffic light jelzőlámpa 77
trailer lakókocsi 32
train vonat 66, 68, 69, 70
tram villamos 72
tranquillizer nyugtató 108, 143
transfer *(bank)* átutalás 131
transformer transzformátor 118
translate, to (le)fordítani 12
transport közlekedés 74
travel, to utazni 93
travel agency utazási iroda 99
travel guide útikalauz 105
traveller's cheque traveller's csekk
  18, 62, 102, 130
travelling bag táska 18
travel sickness hányinger 107
treatment kezelés 143
tree fa 85
tremendous fantasztikus 84
trim, to *(beard)* kiigazítani 31
trip út 93, 152; utazás 72
trolley poggyász(kézi)kocsi 18, 71
trousers nadrág 116
trout pisztráng 47
try, to felpróbálni 115
T-shirt póló 116
tube tubus 119
Tuesday kedd 151
tuna tonhal 47
turkey pulyka 51
turn, to fordulni 21, 77
turnip fehérrépa 52
turquoise türkiz 112

turquoise türkiz 122
turtleneck garbó 116
tweezers csipesz 110
twelve tizenkettő 147
twenty húsz 147
twice kétszer 149
twin bed ikerágy 23
two kettő 147
typewriter írógép 27, 105
typing paper gépíró papír 105
tyre gumi 75, 76

U

ugly csúnya 14, 84
umbrella esernyő 116;
  (beach) napernyő 91
uncle nagybácsi 93
unconscious, to be eszméletét
  veszteni 139
under alatt 15
underdone *(meat)* félig átsütve 49
underground *(railway)* metró 73
underpants alsónadrág, bugyi 116
undershirt atlétatrikó 116
understand, to érteni 12, 16
undress, to levetkőzni 142
United States Egyesült Államok
  146
university egyetem 82
unleaded ólommentes 75
until -ig 15
up fel 15
upper felső 69
upset stomach gyomorrontás 107
upstairs fent 15
urgent sürgős 13, 145
urine vizelet 142
use, to használni 78, 134
useful hasznos 15

V

vacancy szabad szoba 23
vacant szabad 14, 155
vacation szabadság 151
vaccinate, to beoltani 140
vacuum flask termosz 120
vaginal hüvely 141
vaginal infection hüvelyfertőzés
  141
valley völgy 85

value érték 131
vanilla vanília 55
veal borjú 49
vegetable főzelék 52
vegetable store zöldséges 99
vegetarian vegetáriánus 38
vein ér, véna 138
velvet bársony 113
velveteen gyapjúbársony 113
venereal disease nemi betegség
  142
venison őz 48
vermouth vermut 59
very nagyon 15
vest atlétatrikó 116;
  (Am.) mellény 116
veterinarian állatorvos 99
video cassette video kazetta 118,
  124, 127
video recorder videomagnó 118
view kilátás 23, 25
village falu 76, 85
vinegar ecet 38
vineyard szőlőskert 85
visiting hours látogatási idő 144
vitamin pills vitamin 108
V-neck V-nyakú 116
vodka vodka 59
volleyball röplabda 89
voltage feszültség 27, 118
vomit, to hányni 140

W

waistcoat mellény 116
wait, to várni 21, 95, 107, 162
waiter pincér 26, 37
waiting room váróterem 67
waitress pincérnő 26; kisasszony
  37
wake, to felébreszteni 27, 71
Wales Wales 146
walk, to gyalogolni 74; gyalog
  menni 85
wall fal 85
wallet pénztárca 156
walnut dió 53
want, to *(wish)* akarni 101
warm meleg 94
wash to kimosni 29, lemosni 76
washable mosható 113
wash basin mosdó 28

DICTIONARY

washing powder mosószer 120
washing-up liquid felmosószer 120
watch óra 121, 122
watchmaker's órás 99
watchstrap óraszíj 122
water víz 23, 28, 32, 39, 75, 90
waterfall vízesés 85
water flask kulacs 106
watermelon görögdinnye 53
waterproof *(watch)* vízálló 122
water ski vizisí 91
wave hullám 91
way út 76
we mi 161
weather időjárás 94
weather forecast időjárás-jelentés 94
wedding ring jegygyűrű 122
Wednesday szerda 151
week hét 16, 20, 24, 80, 151
weekend hétvége 20, 151
well *(healthy)* jól 10, 140
well-done *(meat)* jól megsütve 49
west nyugat 77
what mi 11; mit 13
wheel kerék 78
when mikor 11, 83
where hol 11
which melyik 11
whipped cream tejszínhab 39
whisky whisky 17, 59
white fehér 57, 112
who ki 11, 83
whole egészben 143
why miért 11
wick kanóc 126
wide széles 117
wide-angle lens nagy látószögű lencse 125
wife feleség 93
wig paróka 110
wild boar vaddisznó 51
wind szél 94
window ablak 28, 37, 69; *(shop)* kirakat 100, 111
windscreen/shield szélvédő 76
windsurfer surf 91
wine bor 56, 57, 61
wine list itallap 57
wine merchant's bor szaküzlet 99
winter tél 150
winter sports téli sportok 91

wiper ablaktörlő 76
wish (jó)kívánság 152
wish, to kívánni 152
with -val, -vel 15
withdraw, to *(bank)* kivenni 130
without nélkül 15
woman nő 114
wonderful csodálatos 96
wood *(forest)* erdő 85
wool gyapjú 113
word szó 12, 15, 133
work, to *(function)* működni 28, 118
working day munkanap 151
worse rosszabb 14
worsted kamgarn-szövet 113
wound seb 139
wrap up, to becsomagolni 103
wrapping paper csomagoló papír 105
wristwatch karóra 122
write, to írni 12, 101
writing pad jegyzettömb 105
writing-paper levélpapír 27
wrong helytelen, rossz 14, 135

X
X-ray *(photo)* röntgen 140

Y
year év 149
yellow sárga 112
yes igen 10
yesterday tegnap 151
yet még 16
yield, to *(traffic)* elsőbbségnyújtás kötelező 79
yoghurt joghurt 39, 64
you te, ön 161
young fiatal 14
your a te... 162; a ti... 162
youth hostel ifjúsági szállás 22, 32
Yugoslavia Jugoszlávia 146

Z
zero nulla 147
zip(per) cipzár 116
zoo állatkert 82
zoology zoológia 83

Szótár

Magyar nyelvű tartalomjegyzék